Paul D. Hellmeier

Dominikus
begegnen

W0099847

Paul D. Hellmeier

Dominikus begegnen

SANKT
ULRICH
VERLAG
GmbH

Für Corinna Kirchhoff

Meinem Mitbruder
Prof. Dr. Isnard W. Frank OP danke ich
für seine wertvollen Hinweise und Verbesserungsvorschläge.

Bibliographische Information der Deutschen Bibliothek

Die Deutsche Bibliothek verzeichnet diese Publikation in der
Deutschen Nationalbibliographie; detaillierte bibliographische Daten
sind im Internet über http://dnb.ddb.de abrufbar.

Umschlaggestaltung: uv media werbeagentur
Mediengruppe Sankt Ulrich Verlag, Augsburg
Titelbild: Ausschnitt aus: Fra Angelico,
Der hl. Dominikus und der Gekreuzigte, um 1442, San Marco, Florenz
Druck und Bindung: Ludwig Auer GmbH, Donauwörth
Printed in Germany
ISBN: 978-3-936484-92-2
www.sankt-ulrich-verlag.de

Ein erster Blick auf Dominikus

Um 1174	Dominikus in Caleruega (Kastilien) geboren
1197/1198	Aufnahme in das Domkapitel von Osma
1199	Dominikus wird als „Sakrista maior" erwähnt, ist also bereits Priester
1201	Wahl zum Subprior von Osma
1203/1204	Erste Reise mit Bischof Diego „in die Marken"
1205	Ende Oktober: Zweite Reise „in die Marken"
1206	ca. Januar: Diego und Dominikus treffen in Montpellier auf die päpstlichen Legaten Zusammen predigen sie gegen die Häretiker in Südfrankreich
1206	Frühjahr: Diego gründet das Frauenkloster Prouille
1207	30. Dezember: Diego stirbt in Osma, Dominikus kehrt nach Osma zurück
1208	Der päpstliche Legat Petrus Castelnau wird ermordet. Innozenz III. ruft zum Kreuzzug gegen die Katharer auf
1211	20. Juni: Dominikus erstmals wieder in Südfrankreich erwähnt
1214	April: Dominikus erhält vom päpstlichen Legaten Petrus von Benevent Vollmachten zur Häretikerbekehrung
1215	Januar: Petrus Seilhan und Thomas legen Profeß ab, Petrus schenkt Dominikus ein Haus in Toulouse
1215	ca. Mai: Bischof Fulko setzt die Prediger als feste Institution in der Diözese Toulouse ein
1215	Herbst: Fulko und Dominikus suchen Innozenz III. auf. Der Papst rät zur Annahme einer schon bestehenden Ordensregel und regt die Ausbreitung des Ordens über die ganze Kirche an

1215	Das Vierte Laterankonzil fordert die Bestellung von Predigern in jedem Bistum
1216	Die ersten Brüder wählen die Augustinusregel und erhalten in Toulouse die Kirche St. Romains
1217	21. Januar: Honorius III. nennt Dominikus und seine Priester offiziell „Prediger"
1217	15. August: Dominikus sendet den Großteil seiner Brüder nach Paris und Spanien aus
1218	Januar: Dominikus überzeugt Honorius III. in Rom von seinen Plänen
1218	11. Februar: Dominikus erhält das erste päpstliche Empfehlungsschreiben
1218	Dominikus reist über Bologna und Südfrankreich nach Spanien
1218	Winter: Dominikus gründet ein Frauenkloster in Madrid und in Segovia einen Brüderkonvent
1219	Sommer: Dominikus reist über Paris nach Bologna, wo er Diana d'Andalò kennenlernt
1219	November: Honorius III. bittet Dominikus, die Reform der römischen Nonnen durchzuführen
1220	20. Mai: Beginn des ersten Generalkapitels in Bologna
1221	Januar: Dominikus wieder in Rom, er erhält vom Papst die Kirche Santa Sabina für die Brüder
1221	28. Februar: Das neue Nonnenkloster San Sisto wird bezogen
1221	2. Juni: Beginn des zweiten Generalkapitels in Bologna
1221	Ende Juli: Dominikus kehrt erschöpft aus Venedig nach Bologna zurück und erkrankt. Am 6. August stirbt er in Bologna
1234	3. Juli: Heiligsprechung des Dominikus durch Papst Gregor IX.

I. VITA

II. VITA APOSTOLICA

ANHANG: WICHTIGE URKUNDEN ZUR GRÜNDUNG DES PREDIGERORDENS

LESETIPS UND KURZTITEL

I. VITA

Der Verborgene

Verwischte Spuren?

Dominikus begegnen ist nicht einfach. Alte und neue Klischees verdecken oft seine Persönlichkeit und sein Leben. Da ist einerseits seit dem Hochmittelalter das Bild des strengen Inquisitors, das zunächst noch ganz positiv besetzt war. Dante etwa preist den hl. Dominikus als „heiligen Kämpfer, den Seinen gütig, grausam seinen Feinden." Dankbar nahm

: Dante Alighieri, *Die Göttliche Komödie*, Paradies XII, 56–57 (in der dt. Übersetzung von Hermann Gmelin).

die moderne Kirchenkritik dieses Dominikusbild entgegen: Dominikus als finstere Ikone der katholischen Inquisition. Und obwohl man heute längst weiß, daß die Inquisition erst über zwanzig Jahre nach seinem Tod ins Leben gerufen wurde, hält diese Negativvorstellung bis heute in vielen Kreisen, ja selbst in kirchlichen, weiter an.

Daran konnte auch ein zweites Klischee kaum etwas ändern, das im 20. Jahrhundert zu prägen versucht wurde. Man besang Dominikus nun plötzlich in einem bekannten Schlager als leicht naiven Wanderprediger („Domini-que" von Soeur Sourire,

: Jean-René Bouchet, *Dominikus – Gefährte der Verirrten*, 1989.

1963), man verlieh ihm seltsam anmutende Titel wie „Gefährte der Verirrten" und hob Tugenden, wie Mitleid, Güte, Gottvertrauen derart bevorzugt hervor, daß andere Seiten seiner Persönlichkeit, wie Strenge, Eifer für die Rettung der Seelen, oder Klugheit im Handeln, eher in den Hintergrund traten.

Dominikus begegnen ist nicht einfach, vor allem, weil er jenseits der Klischees im deutschen Sprachraum kaum bekannt ist. Der Heilige selbst scheint jedoch nicht ganz unschuldig daran zu sein. Je länger man sich mit ihm beschäftigt, umso stärker drängt sich der Eindruck auf, Dominikus habe vorsätzlich möglichst wenig Spuren in der Geschichte hinterlassen wollen. Er hat beispielsweise keine Regel verfaßt, in der er seine Grundideen hätte niederlegen können, wie andere Ordensgründer vor und nach ihm. Er hat keine Gebete, Gedichte, Lieder oder anderen geistlichen Texte hinterlassen, wie etwa sein großer Zeitgenosse Franziskus. Im Gegensatz zum hl. Antonius von Padua und dem reichen Homilienkorpus des hl. Bernhard von Clairvaux, ist von ihm, dem Gründer des Predigerordens, nicht eine einzige Predigt überliefert! Auch nach einer Briefsammlung, wie sie von Klara von Assisi oder von seiner wohl größten geistlichen Tochter Katharina von Siena erhalten sind, sucht man bei Dominikus vergebens. Dominikus hat kaum etwas Schriftliches hinterlassen. Neben zwei dürren rechtlichen Texten, ist ein einziger kurzer Brief an die Dominikanernonnen in Madrid alles, was wir aus seiner Hand besitzen. Dieses Gelegenheitsschreiben, ungefähr im Mai 1220 verfaßt, ist zwar nicht gänzlich uninteressant, aber man wird doch zugeben müssen, daß es *allein für sich genommen* keine besonders tiefen Einblicke in Person und Lebenswerk des Heiligen gewährt:

„Bruder Dominikus, Meister der Prediger, wünscht der geliebten Priorin und dem ganzen Konvent der Nonnen von Madrid Heil und Besserung von Tag zu Tag.

Wir freuen uns sehr und danken Gott für die Glut Eures heiligen Wandels und dafür, daß Gott Euch aus der Fäulnis dieser Welt befreit hat.

Kämpft, meine Töchter, gegen den alten Feind beharrlich mit Fasten, *denn nur der erhält den Siegeskranz, der vorschriftsmäßig gekämpft hat* (2 Tim 2,5)!

Bisher habt Ihr kein Haus gehabt, wo Ihr Euren Ordenssatzungen entsprechend leben konntet. Jetzt aber könnt Ihr Euch damit nicht mehr entschuldigen, da Ihr nun dank der Gnade Gottes genug geeignete Räume besitzt, die ein regeltreues Ordensleben ermöglichen.

Außerdem will ich, daß Ihr an den Orten, wo das Reden untersagt ist, nämlich im Speisesaal, im Schlafsaal und im Betsaal, das Stillschweigen beobachtet und auch in allen anderen Dingen Eure Ordenssatzung eingehalten werde. Keine Schwester darf die Pforte überschreiten, und niemand darf das Kloster betreten, abgesehen vom Bischof oder einem anderen Prälaten, die zur Predigt oder zur Visitation kommen. Spart nicht mit Bußübungen und Nachtwachen! Seid Eurer Priorin gehorsam! Klatscht nicht miteinander und vergeudet Eure Zeit nicht mit seichtem Gerede!

Weil wir Euch nicht mit irdischen Gütern unterstützen können, wollen wir Euch nicht dadurch belasten, daß irgendein Bruder die Befugnis habe, Frauen in Eure Gemeinschaft aufzunehmen oder einzuweisen, es sei denn mit Zustimmung der Priorin und ihres Rates.

Ferner tragen wir unserem lieben Bruder (Dominikus' leiblicher Bruder Maméz), der sich viel Mühe gegeben und Euch mit diesem heiligen Lebensstand vermählt hat, auf, Euch in allem nach seinem Gutdünken zu leiten und zu unterweisen, damit Ihr als gute Ordensfrauen recht treu und heiligmäßig leben könnt. Auch geben wir ihm die Vollmacht, Euch zu visitieren, zurechtzuweisen und die Priorin, falls es nötig sein sollte, mit Zustimmung der Mehrheit der Nonnen, abzusetzen. Wir gewähren ihm zudem die Erlaubnis, Euch von der einen oder anderen Verpflichtung, sofern es ihm gut scheint, zu dispensieren. Lebt wohl in Christus!" (Urkundenbuch 125; Koudelka S. 188–189).

Lat. Originaltext: *Monumenta Diplomatica S. Dominici*, hrsg. von Vladimir J. Koudelka (Monumenta Ordinis Fratrum Praedicatorum historica [Kurztitel = **MOPH**] XXV, Rom 1966 (Kurztitel = **Urkundenbuch**). Dt. Übersetzung aus: *Dominikus, Die Verkündigung des Wortes Gottes*, hrsg. und eingel. von Vladimir J. Koudelka, 2. Aufl. 1989, S. 188–189 (Kurztitel = **Koudelka**). Alle anderen Zitate aus dem Urkundenbuch sind Eigenübersetzungen des Autors.

Zur Erinnerung: dieser Brief ist bereits das Substantiellste, was uns von Dominikus selbst überliefert ist. Daneben ist kein weiterer Brief, keine Predigt, keine Regel, kein Gebet oder Lied erhalten, an ein geistliches Testament gar nicht zu denken. Der Ordenshistoriker Guy Bedouelle ist sich daher sicher: Die Zurückhaltung des Dominikus kann kein Zufall sein. Bedouelle, der von einer „Selbstauslöschung des Dominikus vor der Geschichte" spricht, schreibt dazu: „Es ist kaum vorstellbar, daß ein Mensch seines Tempe-

GUY BEDOUELLE, *Dominikus – Von der Kraft des Wortes,* aus dem Französischen übersetzt und bearbeitet von Hilarius M. Barth, 1984, S. 62 (Kurztitel = **Bedouelle**).

ramentes und seines geistigen Schlages keine Regel oder keine letztwillige Verfügung hinterlassen hätte, wie das sogar der heilige Franz tat, hätte er es nicht bewußt so gewollt." Diese Zurückhaltung hat in einem Alterswerk von Henri Matisse einen wunderbaren Ausdruck gefunden. Für die Dominikanerinnen von Vence warf Matisse die Silhouette des Heiligen mit wenigen schwarzen Strichen auf die weiße, im Sonnenlicht gleißende Kapellenwand. Das Gesicht des Dominikus blieb ein leeres Oval.

Gleichwohl konnte sich auch Dominikus der Geschichte nicht zur Gänze entziehen. Paradoxerweise gibt es wenige Heilige oder andere Persönlichkeiten des Mittelalters, von denen man so genau unterrichtet ist, wie von Dominikus. Wo er wann welche Ziele verfolgte, all das ist uns mitunter bis auf den Tag genau überliefert. Der Grund dafür sind vor allem die über 170 Urkunden, in denen Dominikus oder seine ersten Brüder erwähnt werden. Gerade die Dokumente, die sich Dominikus vom Papst ausstellen ließ, ermöglichen tiefe Einblicke in seine Pläne und Visionen. Darüber hinaus geben viele andere Quellen und frühe Zeugnisse seiner Brüder Auskunft über seine Person. Dominikus, der sich so gerne dem Rampenlicht der Geschichte entzogen hätte, steht doch ganz im Licht, im Licht Christi, der die Demut seiner Heiligen verklärt. Das ist wohl auch die Pointe der antlitzlosen Dominikus-Silhouette von Matisse: „Dominikus scheint auf der Mauer der provencalischen Kapelle wie aufgesogen vom Licht" (Bedouelle, 64).

Quellen

JORDANI DE SAXONIA *Libellus de principiis ordinis praedicatorum,* in: MOPH XVI, Rom 1935, S. 25–88 (Kurztitel = **Libellus**). Die dem *Libellus* entnommenen Zitate werden im folgenden in eigener Übersetzung vorgelegt. Die Zählung der Abschnitte folgt der kritischen Ausgabe.

Neben den Urkunden muß als weitere Quelle über das Leben des Dominikus sogleich das sogenannte „Büchlein von den Anfängen des Predigerordens" erwähnt werden. Verfaßt hat es Dominikus' unmittelbarer Nachfolger im Amt des Ordensmeisters, der selige Jordan von Sachsen († 1237). Obwohl dieses kleine Werk hie und da etwas unpräzise und lückenhaft ist, so stellt es doch die insgesamt wichtigste Quelle dar. Besonders wertvoll macht es der Umstand, daß es ganz sicher noch vor der Heiligsprechung des Dominikus (1234) erschienen ist. Der *Libellus* (Büchlein) ist deshalb kein hagiographischer oder liturgischer, sondern ein historischer Text, freilich nach mittelalterlichem Verständnis. Jordan zeigt darin auch eine für das Mittelalter eher seltene Vorsicht gegenüber Wundergeschichten (vgl. Libellus, 99). Schon bei der ersten Lektüre des *Libellus* fällt sein ambivalenter Charakter auf. Einerseits handelt er zwar von Dominikus, dessen Leben auch klar den Rahmen für das Werk abgibt. Andererseits verschwindet Dominikus in der Erzählung über weite Strecken fast vollständig. Stattdessen wird ausführlich über Erlebnisse anderer Mitbrüder berichtet. Der *Libellus* beginnt nicht einmal mit Dominikus, sondern mit einem Bericht über seinen Bischof Diego. Das Werk pendelt damit zwischen zwei Gattungen mittelalterlicher Geschichtsschreibung hin und her. Einmal erzählt es als „*Vita*" das Leben einer bedeutenden Persönlichkeit. Zum anderen steht der *Libellus,* wie es der zwar nicht von Jordan selbst stammende, aber später allgemein akzeptierte Titel bezeugt, der Gattung „*Exordium*" nahe, das heißt, der Schilderung des Beginns eines neuen Ordens. Dieser Zwiespalt, der dem *Libellus* einen eigentümlichen Reiz verleiht, lässt sich ebenso wie die schon angesprochene Lückenhaftigkeit und die mangelnde Präzision im Detail mit der Entstehungsgeschichte des Werkes erklären. Nach Erkenntnissen Simon Tugwells hat Jordan den *Libellus*

: Vgl. Simon Tugwell, *Notes on the life of St Dominic,* 1998, in: *Archivum Fratrum Praedicatorum* (Kurztitel = **AFP**) 68 (1998) S. 5–33 (Kurztitel = **Tugwell, 1998**).

schon sehr früh begonnen, möglicherweise noch vor seinem Ordenseintritt in Paris (1220). Der Großteil könnte schon im darauf folgenden Jahr vollendet gewesen sein. Diese Datierung erklärt den nichthagiographischen Charakter des *Libellus,* denn Dominikus lebte noch bis August 1221. Jordan, der Dominikus noch persönlich gekannt hat, dürfte von dessen Abneigung vor zuviel Ruhm und Ehre genau gewußt haben. Zu Lebzeiten des Dominikus wollte Jordan also eher ein „Exordium" verfassen, eben ein Werk über die Anfänge des Ordens. Daß sich dabei kleinere Fehler einschlichen und Lücken in der Darstellung ergaben, wird verständlich, wenn man bedenkt, daß Jordan seine Information lediglich von einigen Pariser Mitbrüdern bezog. Zudem war er zur Zeit der Abfassung noch ein Außenstehender bzw. gerade eben in den Orden aufgenommen. Den Charakter einer Vita erhielt der *Libellus* erst Jahre später. Jordan war inzwischen (1221) zum Nachfolger des Dominikus ins Amt des Ordensmeisters gewählt worden. Ab diesem Zeitpunkt dürfte er kaum noch Zeit gehabt haben, am *Libellus* weiterzuarbeiten. Das Werk blieb liegen, bis sich im Jahr 1233 die Heiligsprechung des Dominikus abzeichnete. Nun war plötzlich eine Schrift gefragt, die den Ordensvater bekannt machen sollte. Jordan griff der Einfachheit halber auf seine alten Notizen zurück und arbeitete sie geringfügig um, so daß die Persönlichkeit des Gründers deutlicher hervortrat. Der so entstandene *Libellus* war für den gelehrten Jordan aber sicher mehr als eine aus der Not heraus und in aller Eile zusammenredigierte „Propagandaschrift". Die eigenartige Mischung aus Vita und „Exordium" verfolgte auch ein klares Ziel. Das Leben des kurz vor der Heiligsprechung stehenden Dominikus sollte so dargestellt werden, daß es ganz in das Leben des jungen Ordens und der ersten Brüder eingebettet erschien. Jordan wußte, daß Dominikus sich selbst so verstanden hatte, und daß er niemals die Rolle des Übervaters im Orden hatte spielen wollen. Dominikus war nicht nur Gründer, er war auch volles Glied des Ordens, das sich der gemeinsamen Lebensform gänzlich unterordnete. Dominikus war „Meister und Bruder", wie Jordan im Prolog formuliert (Libellus, 2). Spannungen, wie sie sich bei den Minderbrüdern durch die enorm herausgestellte und symbolträchtig aufgeladene Gründergestalt des Franziskus bereits zu Lebzeiten Jordans ergaben, sollten im Predigerorden erst gar keinen Ansatzpunkt finden.

Nächst den Urkunden und Jordans liebenswertem „Büchlein von den

Acta Canonizationis, in: MOPH XVI, Rom 1935, S. 123– 187 (Kurztitel = **Akten Bologna** und **Akten Toulouse**). | Anfängen" müssen als Quelle für das Leben des hl. Dominikus die Akten des Heiligsprechungsprozesses von 1234 genannt werden. In historisch recht zuverlässiger Weise bieten sie viele interessante Details zur Lebensgeschichte des Dominikus und zeichnen wie kein anderer Text ein lebendiges Bild seiner Persönlichkeit. Vor allem seine Mitbrüder, aber auch andere Menschen, die Dominikus persönlich kannten, beschreiben ihn in einer – durch den Prozeß bedingt – zwar oft trockenen, aber dafür umso ehrlicheren Sprache. Sie stellen uns einen großen Beter, ausdauernden Asketen, treuen Ordensmann, leidenschaftlichen Prediger und verständigen Seelsorger vor Augen. Die Prozeßakten selbst, die eine schwierige Überlieferungsgeschichte haben (die kritische Edition von 1935 bedürfte einer Überarbeitung), gliedern sich in zwei große Teile. In Bologna befragte man ausschließlich Brüder (neun an der Zahl), die ausführlich zu Wort kamen. Im Teilprozeß von Toulouse wurden dagegen über 20 Personen verschiedenen Standes vernommen, die teilweise recht schablonenhaft und kurz antworteten. Zusätzlich sammelte man in Südfrankreich Aussagen von rund dreihundert anderen Zeugen, die mit ihrem Urteil nur summarisch erwähnt werden.

Weitere Quellen (für genauere Angaben sei auf den Anhang verwiesen) sind sodann die sogenannten „Legenden", das heißt Texte, die zum liturgischen Gebrauch bestimmt waren. Die erste Legende stammt von dem Spanier Petrus Ferrandus (1234–1238). Er benützte weitgehend den *Libellus,* reicherte ihn jedoch mit Traditionen aus seiner Heimat an. Dies betrifft vor allem die Darstellung der Jugend des Dominikus. Im Jahr 1245 wurde Konstantin von Orvieto vom Orden beauftragt, diesen Text zu bearbeiten. Er fügte neues Material hinzu, darunter viele Berichte über Wunder, die sich vor und nach dem Tod des Dominikus zugetragen haben sollen. Bei Konstantin nehmen die hagiographische Tendenz und das Interesse an Dominikus als Wundertäter immer mehr zu. Die dritte, sprachlich beste Fassung der Legende stammt vom vierten Ordensmeister Humbert von Romans und bringt wenig Neues (um 1260).

Hingegen bergen die *Vitas Fratrum* von Gerhard von Frachet (1259) wertvolle, nirgends sonst überlieferte Angaben über Dominikus. Dieses

Buch, das in Analogie zu einem berühmten franziskanischen Werk bisweilen als „dominikanische Fioretti" bezeichnet wurde, erzählt nämlich nicht nur vom Leben der ersten Brüder, sondern auch von ihrem Gründervater Dominikus.

Als nächstes sind sodann drei historisch angelegte Werke zu nennen. Die Legende des Dietrich von Apolda bietet hie und da wertvolle Einzelinformationen. Gleiches gilt für das Werk des Spaniers Rodrigo de Cerrato (um 1270). Nicht unwichtig ist das Werk von Bernard Guy, das sich auf Vorarbeiten seines Mitbruders Stephan Salagnac († 1291) stützte: „Die vier Merkmale, durch die Gott den Predigerorden ausgezeichnet hat" (Ende 14. Jahrhundert). Aber auch die Nonnen der mit dem Orden verbundenen Frauenklöster haben etwas über Dominikus zu berichten, so in der Chronik von St. Agnes (um 1254) und in den „Wundergeschichten der Schwester Cäcilia". Cäcilia hatte Dominikus zwar noch persönlich gekannt, ihre Geschichten wurden jedoch erst 1290 von einer Schwester Angelica aufgeschrieben. Dieser Umstand könnte den oft sehr mirakulösen Charakter ihrer Erinnerungen miterklären. Trotzdem haben Cäcilias Geschichten oft einen wahren Kern und geben einzigartige Informationen, so zum Beispiel über das Aussehen des Heiligen.

Drei nichtdominikanische Quellen sind uns in der Chronik des Wilhelm Puylaurens, in der *Hystoria Albigensis* von Pierre des Vaux-de Cernai (beide Zisterzienser) und im okzitanischen „Lied vom Albigenserkreuzzug" erhalten (Ausgaben in: „Lesetips und Kurztitel", S. 150 f.).

Beredtes Schweigen

In der Zurückhaltung des Dominikus, die in der Quellenlage zutage tritt, liegt ein Schlüssel zum Verständnis seines Wesens und Wirkens. Dominikus nimmt sich ganz zurück, ihm widerstrebt jede Eitelkeit. „Dominikus geht auf im Dienst am Wort Gottes, einem Dienst, der aus der Stille wächst und wieder ins Schweigen mündet" (Hilarius Barth). In die ersten Konstitutionen seiner Brüder, die als Gemeinschaftswerk angesehen werden müssen, ließ er die Anweisung hineinschreiben, der

Novizenmeister müsse die Novizen lehren, vor Gott zu schweigen. Und auch seinen Lieblingsausdruck „Nur mit Gott oder von Gott sprechen" wollte er in den Konstitutionen nicht missen. Sein eigener Name taucht dagegen kein einziges Mal darin auf. Es gibt Anzeichen, daß Dominikus, von den eigenen Mitbrüdern zu den Anfängen des Ordens befragt, lieber von anderen sprach, als von sich selbst. Dies würde zum Beispiel die merkwürdige Tatsache erklären, daß der *Libellus* nicht etwa mit Dominikus, sondern mit einer langen Erzählung über seinen Bischof Diego beginnt (Tugwell, 1998, S. 62). Der große Dienst am Wort, der Dienst der Verkündigung ist für Dominikus kein Ort, an dem sich der einzelne profilieren kann oder sollte. Der Dienst am Wort ist *Gemeinschaftswerk.*

Auch die zahlreichen Urkunden, die Dominikus erwähnen, verdeutlichen dies. Das Leben des Predigers Dominikus ist zutiefst mit dem Leben der anderen verknüpft. Simon Tugwell schreibt | Simon Tugwell, *Der heilige Dominikus,* Straßburg 1997 (Kurztitel = **Tugwell, Dominikus**).

darum: „Wollen wir ihm begegnen, dürfen wir unseren Blick nicht auf ihn beschränken. Seine Geschichte wird fortwährend zur Geschichte anderer. Seine ihm eigene Größe bestand darin, Teil eines umfassenderen Ganzen zu sein" (Tugwell, Dominikus, S. 2).

Dieses Ganze ist für Dominikus die heilige Kirche. Das gilt im Kleinen wie im Großen. Im Kleinen zeigt sich ihm die Heilige Kirche in seinen Schwestern und Brüdern, in den anderen Ordens- und Weltleuten, die seinen Weg kreuzen, aber auch in den vom katholischen Glauben abgefallenen Irrgläubigen, die er zur Kirche zurückführen möchte. Ja selbst in denen, zu denen das Wort Gottes noch nicht vorgedrungen ist und denen er es bringen will. Dominikus hat aber auch den Blick für das Große. Nahezu selbstverständlich verkehrt er freundschaftlich mit Bischöfen, Kardinälen und Päpsten. Trotzdem käme es ihm niemals in den Sinn, ihre Autorität innerhalb der Kirche anzuzweifeln. Im Gegenteil, er bemüht sich mit ganzer Hingabe, ihnen stets in ihrer Hirtensorge beizustehen. Bereitwillig übernimmt er jeden Dienst, der ihm angetragen wird, selbst wenn diese Dienste seine eigenen Pläne durchkreuzen. Dominikus ist ganz und gar ein Sohn der Heiligen Kirche. In sie wurde er durch die Taufe aufgenommen, in ihr von frühester Jugend an erzogen, ihr will er vorbehaltlos und unauffällig dienen. In ihr erblickt Dominikus, der die Paulusbriefe über alles liebte und der als Kanoniker wohl bestens mit der Ekklesiologie des hl. Augustinus vertraut war, den Leib Christi. Dienst an der Kirche ist für Dominikus Dienst an Christus. In diesem Dienst ist er schließlich ganz das geworden, was sein Name bezeichnet: einer, der dem Herrn gehört – *Dominicus.*

Stille Jahre in Kastilien

Land und Zeit

Die Epoche, in der Dominikus aufwuchs und lebte, war geprägt von einem rasanten Anstieg der Bevölkerung. „Das Abendland befindet sich auf dem Scheitel einer Flutwelle des Bevölkerungswachstums" (Bedouelle, S. 20). Während Europa um das Jahr 1150 noch etwa 50 Millionen Einwohner gezählt haben dürfte, so waren es zur Jahrhundertwende schon über 60 Millionen. Dieser Anstieg hielt auch im 13. Jahrhundert ungebremst an. Hauptursache war die verbesserte Ernährungslage der Bevölkerung, welche wiederum neuen Erfindungen und optimierten Anbaumethoden zu verdanken war. Durch die verbesserte Ernährung wurde die Sterblichkeitsrate entscheidend gesenkt, die Lebenserwartung der Menschen gehoben. Europa war nun im Vergleich zu früheren Epochen dichter besiedelt, immer mehr bis dahin unbesiedeltes und unbebautes Land wurde erschlossen. Aber nicht nur das Land blühte auf, sondern auch die alten Städte wuchsen und gediehen. Handel, Verkehr, Kunst, Kunstgewerbe und Bildung – alle diese Bereiche erlebten einen starken Aufschwung. Bei allem Wachstum und aller allgemeinen Prosperität gab es aber auch Armut. Viele kleine Bauern, Landarbeiter und Handwerker konnten mit Mühe und Not gerade sich und ihre Familien ernähren. Kamen dann regionale Ernteausfälle oder Seuchen hinzu, die ein Nutztier oder einen Familienangehörigen hinwegrafften, waren diese Menschen sogleich von bitterster Armut, ja sogar vom Hungertod bedroht.

Politisch war Europa von kleinen Königreichen und noch kleineren feudalen oder städtischen Einheiten geprägt, die oft in Dauerrivalität oder gar im Kleinkrieg miteinander lagen. Frankreich zum Beispiel war noch weit von seinen heutigen Grenzen entfernt. Erst im 13. Jahrhundert konnte sich der französische König etwa des heutigen Südfrankreichs bemächtigen – ein Konflikt, in den auch Dominikus hineingezogen werden sollte. Die Begeisterung für die Kreuzzüge in den Orient, mit

denen man lange Zeit innere Konflikte ebenso wie das Bevölkerungs-
wachstum nach außen abgelenkt hatte, war trotz der einen oder anderen
noch stattfindenden Unternehmung deutlich abgeflaut.

Spanien und die kastilische Heimat des hl. Dominikus waren diesbe-
züglich, wie in so vielem anderen, ein Sonderfall. Die Kreuzzugsidee
blieb hier noch Jahrhunderte virulent, allerdings in ihrer eigenen Aus-
prägung, der Reconquista. Ab dem 11. Jahrhundert hatten die im Norden gelegenen christlichen Königreiche ihre Bemühungen verstärkt, die
muslimischen „Mauren", die dreihundert Jahre zuvor Spanien in ihren
Herrschaftsbereich einbezogen hatten, wieder zurückzudrängen. Diese
verschiedenen kriegerischen Auseinandersetzungen zogen sich über einen langen Zeitraum hin. Abgesehen von den Umständen, die sich aus
der Reconquista, daneben aber auch aus dem friedlichen Kontakt mit
dem Islam ergaben, war die kulturelle und wirtschaftliche Situation der
spanischen Königreiche jedoch mit der im übrigen Europa vergleichbar.
Als Dominikus geboren wurde, hatten sie längst festen politischen und
auch kirchlichen Anschluß an Europa gefunden.

Herkunft und Jugend

Nach einem längeren Prolog und einem ersten Bericht über Diego, den
Bischof von Osma, führt Jordan Dominikus in seine Geschichte ein:
„Zu seiner lebte ein junger Mann namens Dominikus, aus derselben
Diözese stammend, in einem Dorf namens Caleruega. Diesen also zogen
von früher Kindheit seine Eltern mit Sorgfalt auf, besonders aber auch
sein Onkel, der Erzpriester war. Vor allem machten sie ihn vertraut mit
den kirchlichen Bräuchen, damit er, den sich Gott schon im kindlichen
Alter als zukünftiges Gefäß der Erwählung auserkoren hatte, wie eine
frische Tonschale schon in jungen Jahren vom Duft der Heiligkeit ge-
tränkt werde, einem Wohlgeruch, den er auch später nicht mehr verlieren
sollte" (Libellus, 5).

Das kleine Dorf Caleruega liegt auf der kastilischen Hochebene, etwa
vierzig Kilometer von Burgos entfernt und existiert noch heute. 1062

taucht es erstmals in einer Urkunde auf. In der Nähe liegt die Bene-
diktinerabtei Silos, die vom hl. Domingo de Silos († 1073), dem Na-
menspatron unseres Heiligen, zu neuer Blüte gebracht worden war. Die
Landschaft um Caleruega ist karg, im Sommer schutzlos der Hitze, im
Winter der Kälte ausgesetzt. Vom Hügel, der sich hinter dem Dorf erhebt,
kann man bei schönem Wetter weit ins Land schauen. An diesigen Tagen
scheint sich der Horizont ins Unendliche zu verlieren.

Dominikus hat nicht lange dort gelebt. Etwa im Alter von sechs oder
sieben Jahren wurde er seinem Onkel, den man heute als Dekan be-
zeichnen würde, zur Erziehung anvertraut. Bei ihm, der wohl nicht allzu
weit entfernt von Caleruega wohnte, erhielt der kleine Dominikus seinen
ersten Unterricht. Das bedeutete schon damals das Erlernen von Lesen,
Schreiben, Rechnen und anderem Grundwissen der Zeit. Nur erfolgte die
Einführung ins Lesen und Schreiben eben anhand der Heiligen Schrift
und in lateinischer Sprache.

Jordan nennt uns weder die Namen der Eltern, noch das Geburtsdatum
unseres Heiligen. Er macht auch sonst keine Angaben zu den Eltern.
Ihre Namen hat uns Petrus Ferrandus überliefert: Felix und Johanna. Ferrandus bezeichnet sie an dieser Stelle auch als „fromme" Leute
(Ferrandus, 4). Daß die | *Legenda S. Dominici* Petri Ferrandi, in: *MOPH* XVI,
beiden den hochadeli- | Rom 1935, S. 209–260 (Kurztitel = **Ferrandus**).
gen kastilischen Familien der Guzmán und der Aza entstammten, kann
man zwar noch heute des öfteren lesen. Anthony Lappin hat jedoch
nachgewiesen, daß es | Anthony Lappin, *On the family and early years of*
sich bei den Quellen, | *St Dominic of Caleruega*, in: AFP (1997) S. 5–26.
die dafür angegeben werden, in dem einen Fall um eine Fälschung
aus dem späten 15. Jahrhundert, im anderen Fall um die mißglückte
Interpretation einiger Urkunden handelt. Dominikus entstammte also
nicht den genannten berühmten Familien, auch wenn sich diese ab dem
15. Jahrhundert gerne mit dem Namen des Heiligen schmückten. Mit
großer Sicherheit gehörte er auch keiner anderen adligen Familie an.
Sonst wären seine Eltern in den frühen Quellen als solche erkenntlich
und man würde von ihnen nicht einfach als von „Felix und Johanna"

RODRIGO DE CERRATO, *Vita S. Dominici*, in: *Annalium Ordinis Praedicatorum I*, hrsg. von Tommaso Maria Mamachi u. a., Bd. 1, Rom 1756, (Appendix) S. 312–334 (Kurztitel = **Cerrato**).

aus dem kleinen Dorf Caleruega sprechen. Rodrigo de Cerrato ist der einzige, der eine nähere Aussage zu Felix macht. Er sei „ein verehrungswürdiger Mann und reich an eigenem Gut" gewesen (Cerrato, S. 314). Felix war also lediglich ein begüterter und angesehener Bürger des Dorfes, vielleicht ein reicher Kaufmann. Die Herkunft des Dominikus ist der des Franziskus demnach gar nicht so unähnlich, wie man aufgrund der irrigen Zuschreibung zu den Geschlechtern der Guzmán und der Aza lange angenommen hatte. Im Gegensatz zur Familie des Franziskus scheint die des Dominikus jedoch ausgesprochen kirchlich geprägt gewesen zu sein. Denn Dominikus selbst wird schon als Kind von den Eltern zur kirchlichen Laufbahn bestimmt. Sein Bruder Maméz (auch Mannés) tritt später in den Orden der Prediger ein. Ein dritter Sohn der Familie wirkte nach Gerhard

FRATRIS GERARDI DA FRACHETO O.P. *Vitae Fratrum Ordinis Praedicatorum*, in: MOPH I, Löwen, 1896, S. 1–320 (Kurztitel = **Leben der Brüder**).

von Frachet (Leben der Brüder, II, 1) als Priester an einem Armenhospiz und soll schon zu Lebzeiten als Wundertäter bekannt gewesen sein. Überhaupt haben wir es hier mit einer Familie von Heiligen zu tun: Maméz, der Dominikus um mehr als zehn Jahre überlebte und noch dessen Heiligsprechung erlebte († 1234) wird von der Kirche als Seliger verehrt, ebenso ihre Mutter Johanna. Rodrigo de Cerrato berichtet, Johanna habe einmal von Mitleid bewegt, in Abwesenheit ihres Mannes dessen ganzen Lieblingswein an die Armen verteilt. Als Felix nach Hause kam und sie schon seinen Zorn fürchtete, sei der Vorrat auf unerklärliche Weise wieder aufgefüllt gewesen (Cerrato, S. 314 f.). Diese Erzählung deutet an, von wem Dominikus seine Haltung des Mitleids mit den Notleidenden, aber auch seine Entschlossenheit, für sie handeln, hatte.

Von Maméz wird immer wieder behauptet, er sei nur ein Halbbruder des Dominikus gewesen und stamme aus einer früheren Ehe der Johanna. Diese Annahme gründet sich auf ein Wort bei Jordan, der Maméz einmal als „Bruder, der aus dem selben Schoß geboren ist" bezeichnet (*frater uterinus,* Libellus, 51). Mit höchster Wahrscheinlichkeit wollte Jordan damit aber lediglich ausdrücken, daß die beiden nicht nur Gefährten im Orden, sondern auch leibliche (Voll-)Brüder waren, und nicht etwa, daß sie verschiedene Väter hatten. Maméz wird erst spät im *Libellus* erwähnt, über seine Kindheit ist nichts überliefert. Über die des Dominikus weiß Jordan mehr: „Von frühester Jugend an erwies er sich als sehr begabt und schon seine Kindheit verhieß Großes für das Erwachsenenalter. Er mischte sich nicht unter die Spielenden, noch verkehrte er mit denen, die ein leichtsinniges Leben führen (Tob 3,17 vulg.). Ganz so, wie auch der ruhige Jakob das Umherschweifen Esaus gemieden hatte. Er verließ nicht den Schoß der Mutter Kirche und die heilige Stille des Hauses (Gen 25, 27). Einen Jüngling und einen Greis zugleich hättest du in ihm zu sehen geglaubt: denn die wenigen Lebensjahre bezeugten seine Jugend, doch die Reife im Umgang und die Festigkeit seines Charakters ließen ihn als weisen Alten erscheinen. Er verachtete die Reize der lüsternen Welt und ging den makellosen Weg (Ps 100,6). Bis zu seinem Tod bewahrte er dem Herrn den unbefleckten Glanz seiner Jungfräulichkeit – ihm, dem Liebhaber der Reinheit" (Libellus, 8).

Allen besorgten Pädagogen, die jetzt die Hände über dem Kopf zusammenschlagen, sei zur Beruhigung gesagt, daß Jordan hier ein damals gängiges Motiv von Heiligenlegenden anwendet. Darauf weisen schon die vielen Schriftzitate, der Vergleich von Jakob und Esau, und noch mehr die Anspielung auf die Vita des hl. Benedikt hin, von dem Gregor der Große ähnliches berichtet (Dialoge, II Prolog). Trotzdem birgt die Schilderung einen wahren Kern. Der junge Dominikus scheint von Anfang an Freude an geistlichen Dingen gehabt zu haben. Nirgends findet sich auch nur ein Anzeichen von Widerstand gegen die für ihn vorgesehene kirchliche Laufbahn oder für ein persönliches Problem, das er damit gehabt hätte.

Nachdem der Elementarunterricht bei seinem Onkel beendet war, wurde Dominikus von seinen Eltern zum „Studium" in die Domschule nach Palencia, dem damals bedeutendsten Studienzentrum Kastiliens, geschickt. Dominikus war nun etwa 13 Jahre alt. In Palencia wurde er zunächst in die sieben „Freien Künste", die *Artes liberales,* eingeführt

(Arithmetik, Geometrie, Astronomie, Musik, Grammatik, Dialektik und Rhetorik). In der Regel dauerte dieser Unterricht sieben Jahre, ist also mit unserem heutigen Gymnasium vergleichbar. Gemäß Jordan soll seine Mutter in dieser Zeit eine Vision gehabt haben, in der sie Dominikus mit einer Mondsichel auf der Stirn erblickte, die Dominikus als zukünftiges „Licht für die Heiden" (Lk 2,32) auswies (Libellus, 9). Eine ähnliche Geschichte überliefert uns Ferrandus. Hier ist es die Taufpatin des Dominikus, die ihn in einem Traumgesicht mit einem Stern auf der Stirn erblickt, der die ganze Welt erleuchtet (Ferrandus, 6). In der Hagiographie hat sich diese zweite Variante durchgesetzt: Dominikus ist auf allen Bildern an einem Stern zu erkennen, den er auf oder über seiner Stirn trägt.

Jordan betont, daß Dominikus begierig war, die Freien Künste hinter sich zu lassen, um sich schnellstmöglich der Theologie zuwenden zu können. Wie viele Jahre er wirklich bei den Vorstudien der *Artes* blieb, wissen wir nicht. Jordan sagt uns jedoch, daß Dominikus anschließend mit großer Begeisterung vier Jahre lang Theologie studierte. Wohl am Ende seiner Studienzeit (ca. 1196–1198) brach eine schwere Hungersnot aus. Nach Jordan betraf sie ganz Spanien, wahrscheinlich war sie aber regional begrenzt. Gerade die Ärmsten waren nun vom Tod bedroht. Jordan berichtet: „Zur selben Zeit, als er in Palencia studierte, brach eine schwere Hungersnot in ganz Spanien aus. Da wurde er von der Not der Armen erschüttert und er beschloss im glühenden Gefühl seines Mitleids, mit *einer* Tat sowohl dem Auftrag des Herrn zu entsprechen, als auch die Not der sterbenden Armen zu lindern, so gut er konnte. Deshalb verkaufte er seine Bücher, die er in der Stadt so nötig hatte, und alles andere was er besaß, und verteilte den Erlös als Almosen unter die Armen. Durch dieses Beispiel wurden auch die Herzen der anderen Theologen und Magister aufgerüttelt, so daß sie an der Freigebigkeit des jungen Mannes die eigene Trägheit und Sparsamkeit erkannten und von nun an reichlicher Almosen spendeten" (Libellus, 10).

Ohne Zweifel hatte der junge Student hier etwas Außergewöhnliches getan. Eigene Bücher waren damals ein gewisser Luxus, nur wenige

Studenten konnten sie sich leisten. Hatte man jedoch eigene Bücher, so konnte man sie mit Randnotizen versehen, was sie für den persönlichen Gebrauch noch wertvoller machte. Dominikus muß Bücher sehr geliebt haben, wie sich später noch zeigen wird. Wenn er also seine Bücher verkaufte, um mit dem Erlös die Armen vor dem Hungertod zu bewahren, so gab er damit etwas von seinem Herzblut. Immer wieder hat man darin, in Analogie zur Begegnung des Franziskus mit dem Aussätzigen, eine Bekehrung oder ein Bekehrungserlebnis sehen wollen. Doch so groß die Tat des Bücherverkaufs auch gewesen sein mag, von einer Bekehrung läßt sich nicht sprechen. Simon Tugwell hebt den Unterschied zu Franziskus klar hervor: „Die Geste des Verzichts ist für Dominikus nicht von eigenen inneren Problemen diktiert. Er wollte damit nicht mit seiner Vergangenheit oder seiner Umwelt brechen. Mit heldenhafter Großzügigkeit reagiert er ganz einfach auf die Not der Leidenden. Es ging ihm nicht darum, eine ‚persönliche Erklärung' abzugeben. Er tat lediglich, was getan werden mußte, und zwar mit dem ihm eigenen Feuer, ohne zu warten, bis ein anderer ihm voranging" (Tugwell, Dominikus, S. 5). Die der Tat eigentümliche Mischung aus Selbstverständlichkeit und glühender Leidenschaft soll Dominikus selbst so ausgedrückt haben: „Ich will nicht über toten Häuten (Pergament) studieren, während Menschen vor Hunger sterben" (Akten Bologna, 35). Letztlich setzt Dominikus nur das um, was er aus der von ihm über alles geliebten Heiligen Schrift gelernt hat (vgl. auch Libellus, 7). Der junge Dominikus zeigt erstmals, mit welcher feurigen Entschlossenheit er seinen Glauben in die Tat umsetzt. Man sollte daher weniger von einer „Bekehrung" sprechen, als von einem ersten dramatischen Durchbrechen dessen, was Dominikus im Gebet und in der Schriftlesung an innerem Reichtum erworben hat. Bald schon wird er beginnen, diesen Reichtum an unzählige Menschen auszuteilen.

Kanoniker in Osma

Die Tat des Bücherverkaufs sollte hohe Wellen schlagen. In merkwürdiger (historisch falscher) Zeitrafferperspektive erblickte etwa Bruder Stephan in ihr die Anfänge des Ordens: „Auf sein Beispiel hin handelten gewisse wichtige Personen ähnlich und begannen, von nun an mit ihm zu predigen. Und wie ich gehört habe, kam derselbe Bruder Dominikus mit dem Bischof von Osma in die Gegend von Toulouse, um dort zu predigen, vor allem gegen die Häretiker. Und dort gründete er den Orden der Predigerbrüder" (Akten Bologna, 35). Offensichtlich hat Stephan hier mehrere Jahre übersprungen, denn bis zu den Anfängen des Ordens in Südfrankreich sollte noch einige Zeit vergehen. Trotzdem steckt ein wahrer Kern in dieser überhasteten Erzählung. Stephan hat die Geschichte möglicherweise von Männern gehört, die schon in Palencia mit Dominikus studierten. Wahrscheinlich wurden sie, von seinem Beispiel bewegt, wie er selbst reformierte Kanoniker in Osma, waren dann an seiner Mission in Südfrankreich beteiligt und folgten ihm zuletzt auch in seine neue Gründung, den Predigerorden (vgl. Tugwell,

SIMON TUGWELL, *Notes on the life of St Dominic*, in: AFP 67 (1997) S. 27–59 (Kurztitel = **Tugwell, 1997**).

1997, S. 54). Diese frühen Gefährten sahen im Bücherverkauf von Palencia also das Schlüsselerlebnis nicht nur ihres eigenen Lebens, sondern auch für das des jungen Ordens.

Die Tat des Dominikus konnte nicht verborgen bleiben. Der Bischof seiner Heimatdiözese, der gerade dabei war, sein Domkapitel zu reformieren und deshalb nach gutem Nachwuchs Ausschau hielt, wurde durch sie auf Dominikus aufmerksam und berief ihn an seine Kirche. Jordan gibt dem Bischof an dieser Stelle der Erzählung keinen Namen. Aus dem Zusammenhang geht jedoch klar hervor, daß er ihn für Diego hält. Hier irrt Jordan, denn Diego gehörte dem Domkapitel von Osma zu dieser Zeit zwar an und übte dort das Amt des Priors aus, Bischof war aber ein anderer: Martin de Bazan (von 1189–1201).

Um die von Martin betriebene Reform seines Kathedralkapitels und die Berufung des Dominikus verstehen zu können, muß man einige Jahrhunderte Kirchengeschichte an sich vorbeiziehen lassen: *Kanonikerstifte,* also Orte, an

Vgl. zum folgenden: KARL SUSO FRANK, *Geschichte des christlichen Mönchtums*, 1988, S. 80–82. ISNARD W. FRANK, *Lexikon des Mönchtums und der Orden*, 2005, S. 177 (**Kanoniker**), S. 258–260 (**Regularkanoniker**), S. 270 (**Säkularkanoniker**).

denen Kleriker gemeinsam Liturgie feierten und nach den allgemeinen kirchlichen Vorschriften *(Canones)* lebten, waren im Abendland seit karolingischer Zeit entstanden. Im Unterschied zu den *Mönchen* waren die *Kanoniker* oder *Chorherren* (nach dem gemeinsamen Chorgebet benannt) jedoch nicht zu persönlicher Armut und Gemeinschaftsleben verpflichtet. Während der gregorianischen Reform in der zweiten Hälfte des 11. Jahrhunderts, die auf eine allgemeine Erneuerung der Kirche, besonders aber des Klerus drängte, wurde auch der Ruf nach Reform der Kanoniker laut. So verlangte die Lateransynode von 1159, daß auch bei ihnen die persönliche Armut, das Gemeinschaftsleben und der asketische Lebensstil der Mönche einzuführen seien. Innerhalb bestehender Kanonikerstifte oder Domkapitel kam es daraufhin nicht selten zu Spaltungen. Die Reformwilligen machten sich die Forderungen nach strengerer Lebensführung zu eigen, andere blieben bei ihrer hergebrachten Lebensweise. Daneben kam es zu zahlreichen Neugründungen im Geist der Reform. Die reformierten Chorherrenklöster erstellten sich jeweils Regelungen, nach denen das gemeinsame Leben ablaufen sollte. In den meisten Fällen nahmen sie zusätzlich die Augustinusregel an, weshalb man diese Kanoniker auch als *Regulierte* bezeichnete. Die anderen dagegen wurden *Säkularkanoniker* genannt, weil sie in den Augen der Regulierten „in der Welt" *(saeculum)* verharrten.

Genau dieser Reformprozeß zog sich in Osma seit Jahrzehnten hin. Schon mehrere Bischöfe hatten versucht, die Reform durchzusetzen, doch scheint es innerhalb des Domkapitels immer wieder zu Spaltungen gekommen zu sein. Im Jahr 1199 konnte die Regularisierung des Domkapitels von Bischof Martin endgültig abgeschlossen und von Papst Innozenz III. bestätigt werden. Martin hatte eine Mehrheit der Mitbrüder davon überzeugen können, nach gemeinsamen Satzungen zu leben und die Augustinusregel anzunehmen (Tugwell, 1997, S. 39–42). Diese Geschichte ist es, die Jordan zu Beginn des *Libellus* erzählt. Daß er dabei Diego bereits als Bischof darstellt, ist nicht verwunderlich, denn Diego folgte Martin unmittelbar als Bischof nach. Als Prior dürfte er in dem beschriebenen Reformprozeß zudem eine treibende Kraft gewesen sein.

Vielleicht war es deshalb doch Diego, der Dominikus in das reformierte Domkapitel von Osma berief. Der Grund dafür war nicht allein der Bücherverkauf. Durch die spektakuläre Tat war man auf den jungen Mann aus Caleruega nur aufmerksam geworden und ließ nun sorgfältig über seinen Lebenswandel nachforschen (Libellus, 11). Einen so tugendhaften Mann, der die Heilige Schrift, das Gebet und die Askese liebte, konnten Martin und Diego zur Festigung der Reform gut gebrauchen. Ihre Hoffnungen in Dominikus scheinen sich erfüllt zu haben, denn bald war er allen ein Vorbild an Demut und Gebetseifer und verließ nur selten die Klostermauern. Schon nach wenigen Jahren wählten die Mitbrüder ihn deshalb zum Subprior (Libellus, 12 und 13). Aus einer Urkunde wissen wir, daß Dominikus dieses Amt spätestens im Jahre 1201 inne hatte. Aus einem anderen Dokument geht hervor, daß er bereits im Jahre 1199 als Sakristan der Gemeinschaft fungierte, was wiederum bedeutet, daß er zu diesem Zeitpunkt schon Priester war. Das damals vorgeschriebene Alter für die Zulassung zur Priesterweihe lag bei 25 Jahren. Mit diesen Daten läßt sich nun auch die Frage nach dem nirgends überlieferten Geburtsjahr des Dominikus klären. Wenn er im Jahre 1199 mit etwa 25 Jahren die Weihe empfing, so ergibt sich als Geburtsjahr in etwa das Jahr 1174. Interessanterweise korrespondiert ein anderes Datum mit dieser Annahme. Dietrich von Apolda überliefert uns nämlich als Hochzeitsjahr seiner Eltern Felix und Johanna das Jahr 1170. Ferner berichtet er, Dominikus sei ihr drittes Kind gewesen. Die frühen Jahre des Dominikus lassen sich daher folgendermaßen rekonstruieren: 1186/87 Studienbeginn in Palencia, 1197/98 Aufnahme ins Domkapitel von Osma, 1199 Priesterweihe, 1201 Wahl zum Subprior mit erst 27 Jahren.

Seinen Bücherverkauf ausgenommen erscheinen die Jugendjahre in Kastilien als eine sehr stille, von Studium, Liturgie und Kontemplation geprägte Zeit. Einzig seine häufige Bitte an Gott, „er möge ihm eine wahre Liebe schenken, die wirksam sei für das Heil der Menschen" (Libellus, 13), weist über das ruhige Leben eines regulierten Kanonikers von Osma hinaus.

Lebenswende in Südfrankreich

Zwei Reisen „in die Marken"

Das Leben des Subpriors von Osma wendet sich durch eine Reise. Genauer gesagt sind es zwei Reisen, die Dominikus und Diego, der inzwischen die Nachfolge des 1201 verstorbenen Bischofs Martin angetreten hatte, weit über die Grenzen Kastiliens hinausführten. Jordan berichtet uns, König Alphons habe den Bischof von Osma damit beauftragt, für seinen Sohn Ferdinand eine Ehe mit einer jungen Adeligen „in den Marken" zu arrangieren. Diego wählte sich daraufhin einige Begleiter aus seinem Domkapitel, darunter auch den von ihm geschätzten jungen Subprior, und machte sich auf den Weg. In der Literatur wird einhellig behauptet, daß die Reise in den hohen Norden, nämlich nach Dänemark oder aber in einen Teil Norddeutschlands, unter damals dänischer Herrschaft gegangen sei. Jordan spricht jedoch lediglich von „den Marken". Ein Hinweis auf Skandinavien oder das daran angrenzende Norddeutschland findet sich erst in einem relativ späten Text von Gerhard von Frachet (Chronica, S. 321). Auch wenn das Reiseziel | *Chronica ordinis*, in: MOPH I, Löwen 1896, S. 321–338 (Kurztitel = **Chronica**).

nicht mit letzter Sicherheit auszumachen ist, so mußten die spanischen Kanoniker doch einen sehr weiten und anstrengenden Weg zurücklegen. Als Termin für die Reise kommt die Zeit von Oktober 1203 bis Februar 1204 in Betracht, da Bischof Diego nur zu dieser Zeit nicht als Teilnehmer an Sitzungen des Königlichen Hofes vermerkt ist.

Bereits kurz nach der Überquerung der Pyrenäen ereignete sich Unvorhergesehenes. Diego und seine Begleiter trafen in der Gegend von Toulouse auf unzählige Menschen, die der Irrlehre der Katharer anhingen. Nach Jordans Bericht war der Bischof von Osma darüber zutiefst erschüttert, Dominikus dagegen tat wieder einmal, was in seinen Augen einfach getan werden mußte. Mit dem häretischen Wirt, bei dem sie in Toulouse eingekehrt waren, diskutierte er die ganze Nacht und versuchte so lange, ihn von der Wahrheit des katholischen Glaubens zu überzeugen, bis dieser „der Weisheit und dem Geist, der aus Dominikus sprach, nicht mehr widerstehen konnte" (Libellus, 15). Dieser Wirt sollte der erste Mensch sein, den Dominikus mit viel Mühe, aber noch größerer Leidenschaft und Liebe zum katholischen Glauben zurückführte.

Schließlich erreichte die Reisegesellschaft nach großen Strapazen „die Marken". Dort fand das Ansinnen des kastilischen Königs sogleich Zustimmung. Mit dem Heiratsversprechen der „märkischen" Adeligen kehrten Bischof Diego und seine Kanoniker nach Spanien zurück. Schon ein Jahr später schickte sie König Alphons mit einer prunkvolleren Reisegruppe wieder auf den weiten Weg. Dieses Mal sollten sie die versprochene Braut heimholen. Der zweite Besuch hielt jedoch eine große Enttäuschung für die Kastilier bereit. Die junge Frau war in der Zwischenzeit verstorben. (Die These, sie sei in ein Kloster eingetreten, Vicaire I,

Vgl. Marie-Humbert Vicaire, *Geschichte des Heiligen Dominikus*, 2 Bde, 1962 (Kurztitel = **Vicaire I** und **II**).

: S. 77 f.; Bedouelle, S. 71, gilt heute als widerlegt,

vgl. Tugwell 1998, S. 42–47.) Diego schickte deshalb sofort einen Eilboten nach Kastilien. Er selbst wollte mit seinen Kanonikern den Papst in Rom aufsuchen, um ihm eine sehr persönliche Bitte vorzutragen. Auf der weiten Reise hatte er nämlich nicht nur die irrgläubigen Katharer in Südfrankreich kennengelernt, sondern auch vom heidnischen Volk der Kumanen gehört. Dieses hellhäutige Turkvolk war dem Druck der Mongolen weichend, immer weiter nach Westen gewandert und verdingte sich bei verschiedenen deutschen Fürsten als Söldner. Die Kumanen waren gefürchtete Krieger und hatten in Teilen Deutschlands verheerende Verwüstungen angerichtet. Von Mitleid bewegt wollte Diego ihnen nun das Licht des Evangeliums bringen. In Rom angelangt, bat er den Papst um die Erlaubnis, sein Bischofsamt niederlegen und zu den Kumanen gehen zu dürfen. Doch Innozenz III. nahm die Demission nicht an und verweigerte Diego seinen Wunsch, Missionar zu werden. Stattdessen solle er in seine Diözese zurückkehren (Libellus, 17). Diego fügte sich der Entscheidung. Er nahm jedoch nicht den direkten Weg nach Spanien, sondern nutzte die relative geographische Nähe, um Cîteaux, das Mutterkloster der damals in höchstem Ansehen und auf dem Gipfel ihrer Entfaltung stehenden Zisterzienser, zu besuchen. Diego soll dort aus Bewunderung für das Ordensleben der „grauen Mönche" auch deren Habit empfangen haben. Damit trat er natürlich nicht in den Zisterzienserorden ein, er setzte für die Dauer seines Aufenthaltes nur ein damals nicht ungewöhnliches Zeichen der Verbundenheit mit den Mönchen. Jordan berichtet ferner, daß Diego auch einige Zisterzienser nach Spanien mitnahm, „um von ihnen ihre Lebensweise zu erlernen". In der Geschichtsschreibung hat man lange gerätselt, was dieser Nebensatz für einen Bischof, der in einem erst kürzlich erfolgreich regulierten Domherrenkapitel lebt, bedeuten könnte. Überdies hätte er zur Gründung eines Klosters in seiner Diözese auch spanische Zisterzienser heranziehen können. Die Antwort auf die lange umstrittene Frage ist einfach: Diego hatte vor einiger Zeit ein Zisterzienserinnenkloster in seinem Bistum errichtet. Um dieses Kloster ganz sicher an den Orden anzubinden, bat er um Schwesternseelsorger aus dem Mutterhaus Cîteaux (Tugwell, 2003, S. 59 f.). : Simon Tugwell, *Notes on the life of St Dominic*, in: AFP 73 (2003) S. 6–109 (Kurztitel = **Tugwell, 2003**).

Von Cîteaux aus mußte die Reisegruppe des Bischofs wiederum den Weg durch Südfrankreich nehmen, wo sie erneut auf das Problem der häretischen Katharer traf – oder besser gesagt, auf die Frage, wie man die Katharer am wirksamsten zum katholischen Glauben zurückführen könnte. Denn Diego stieß laut Jordan in Montpellier auf ein „Konzil". Dort hätten die Bischöfe der von der Häresie betroffenen Diözesen zusammen mit einem päpstlichen Legaten und zwölf Zisterzienseräbten, die der Papst zur Häretikerbekehrung bevollmächtigt hatte, über die geeignete Vorgehensweise beratschlagt (Libellus, 19). Bischof Diego wurde ehrenvoll aufgenommen und bot den niedergeschlagenen, weil bisher erfolglosen Versammelten die Lösung ihres Problems an. Für Diego waren die Katharer Menschen, die mehr auf das äußere Verhalten und auf die nach außen sichtbare Verwirklichung des Evangeliums achteten, als auf die Inhalte des Glaubens. Das Katharertum, das soviel Wert auf Entsagung, Armut und Askese legte, konnte man nicht mit klugen und gewandten Worten bekämpfen, wenn man zugleich mit großem Troß, mit Pferden und Wagen einherfuhr. „Da sagten sie zu ihm: ‚Welchen Rat gibst du also, guter Vater?' Und er antwortete ihnen: ‚Was ihr mich tun seht, das tut.' Da kam der Geist des Herrn über ihn, er rief die Seinen herbei und schickte sie mit den Pferdegespannen, dem Hausrat und den übrigen Dingen, die sie bei sich führten, nach Osma zurück. Nur einige Kleriker behielt er bei sich. Und er sagte ihnen, daß er in jenem Land bleiben werde, um den Glauben zu verkünden" (Libellus, 20). So begann Diego mit seiner kleinen Kanonikermannschaft, zu der auch sein Subprior Dominikus zählte, in Armut und Einfachheit zu Fuß das Land zu durchstreifen und das Evangelium zu verkünden. Die Äbte folgten seinem Beispiel und betrachteten ihn von nun an als Haupt der Unternehmung.

Jordan hat zwar in seiner knappen Darstellung der Anfänge des später so genannten „Predigtwerkes Christi" einige Dinge durcheinandergebracht. Trotzdem beschreibt er den Vorgang im Kern richtig. Vor einer genaueren Untersuchung des Geschehens ist es jetzt aber an der Zeit, sich den Lehren, der Herkunft und der Praxis der Katharer (und auch der Waldenser) zuzuwenden.

Katharer und Waldenser

Katharer und Waldenser waren von ihrer Entstehung und ihren Glaubensüberzeugungen her zwei grundverschiedene häretische Bewegungen, die sich mitunter auch heftig bekämpften. Aus katholischer Sicht wirken die Waldenser sympathischer. Ihre Bewegung war ursprünglich aus der Kirche, oder besser gesagt aus einer bestimmten kirchlichen Strömung des 12. Jahrhunderts, hervorgegangen.

Hingegen war das Gedankengut der *Katharer* dem Evangelium und der Kirche zutiefst fremd. Anders als bei den Waldensern ist ihre Lehre von außen her nach Westeuropa eingedrungen, denn ihre Ursprünge sind im Bulgarien des frühen 10. Jahrhunderts zu suchen. Dort trat in einer Zeit schrecklicher Kriege und schwerster Verwüstungen der Dorfpriester Bogomil auf und begann, Umkehr und Buße zu predigen. Er vertrat die Ansicht, die irdische, materielle Welt sei von Satan, einem „Sohn Gottes" geschaffen und von Grund auf böse. Der Mensch, dessen Seele aus dem oberen Bereich des guten Gottes stamme und durch den Sündenfall in den vom Satan geschaffenen Leib eingekerkert worden sei, müsse sich durch strenge Askese, Gebet und Wanderpredigt wieder zum göttlichen Bereich aufschwingen. Die offizielle Kirche mit ihrer Liturgie und Hierarchie, die Sakramente, die Ikonen und Kreuze, das alles lehnte Bogomil als Teufelswerk ebenso ab, wie das Alte Testament. Seine nach ihm als *Bogomilen* benannten Anhänger breiteten sich bald bis nach Konstantinopel aus. In der Hauptstadt des byzantinischen Reiches, mit ihrer langen philosophischen und theologischen Tradition, kam es schließlich zur Spaltung der Bogomilen. Angeregt durch metaphysische Spekulationen vertrat die neue Richtung die Meinung, der Satan sei nicht ein zunächst untergeordneter und dann gefallener Sohn Gottes, sondern ein dem guten Gott ebenbürtiges und gleichursprüngliches Prinzip. Der radikalisierte Dualismus dieser Richtung erhielt den Namen *dragowitisch*. Die Altgläubigen nannten sich dagegen *Bulgaren*. Als die Bogomilen um 1110–1140 in Konstantinopel verfolgt wurden, begannen sie, in andere Gebiete auszuweichen und auch Missionare Richtung Westen auszusenden. Sie gründeten Gemeinden in Bosnien und Dalmatien und tauchten noch vor der Mitte des 12. Jahrhunderts am Rhein und an der Donau, bald darauf auch in Frankreich und in Italien auf. Ihre dortigen Ableger sollten schnell unter dem Namen *Katharer* bekannt werden. Nach ihrer regionalen Verbreitung wurden sie in Frankreich auch *Albigenser* (von der südfranzösischen Stadt Albi) und in Italien *Patarener* genannt. Sie selbst bezeichneten sich dagegen als „Arme Christi", „Gute Menschen" oder „Gute Christen". Die Katharer waren mit den Bogomilen nicht schlichtweg identisch, vielmehr müssen sie als westlicher Ableger derselben gesehen werden. Sie bildeten gleichsam einen „Reformzweig", der aufgrund der verschiedenen historischen, sozialen und auch kirchlichen Bedingungen im Westen eine spezifische Lehre und Praxis ausprägte. An erster Stelle ist hier der im Vergleich zu den Bogomilen stärkere moralische Akzent

der Katharer zu nennen. Dieser war sicher mitbedingt durch die hohen
Erwartungen des Volkes an die moralische Integrität und die asketische
Vorbildhaftigkeit des Klerus, die im Westen von der gregorianischen
Reform geweckt worden waren. Darüber hinaus sponnen die Katharer
im Laufe ihrer Geschichte die ohnehin schon verwickelten Theorien
der Bogomilen, vor allem der dragowitischen Richtung, über Engel-
fall und Erlösung, höllische und himmlische Trinität, Erschaffung der
bösen Materie und des irdischen Leibes, Seelenwanderung etc. immer
weiter fort. Heftigste Auseinandersetzungen brachen unter den Katharern bezüglich der Rolle des Satans aus und führten in Oberitalien zur
Herausbildung mindestens dreier verschiedener Bekenntnisse, die sich
zum Teil gegenseitig „verketzerten". Während in Südfrankreich, also
bei den Albigensern, eher die radikaldualistische Sicht vorherrschte, so
überwog in Oberitalien die gemäßigte Sichtweise, die den gefallenen
Satan dem guten Gott unterordnete. Eine einheitliche Lehre läßt sich
aber selbst bei den einzelnen Gruppierungen nur schwer nachweisen.
Da sie sich vor allem aus existentiellen Erfahrungen und Fragen speiste,
war sie ständig im Fluß.

Einheitlicher zeigen sich alle Strömungen dagegen in Glaubenspraxis
und Kult. Stets wurde strengste Askese verlangt. Alle tierischen Produkte
waren vom Verzehr ausgeschlossen, da jede Form der Leiblichkeit als böse
galt. Aus demselben Grund verwarfen die Katharer auch Ehe und Ge-
schlechtsverkehr. Berühmtberüchtigt ist die vor allem in Südfrankreich
praktizierte *Endura,* das bewußte Fasten bis zum Eintritt des Todes.
Die hohen Forderungen der Katharer waren nur von wenigen Menschen
zu erfüllen. Von diesen sogenannten „Vollkommenen" schied sich die
große Masse der einfachen „Gläubigen". Während die Zahl jener wohl
niemals die zehntausend in ganz Europa überschritt, ja eher weit darunter geblieben sein dürfte, so könnte die Anzahl der „Gläubigen" und

Arno Borst, *Die Katharer,* 3. Aufl. 1995 (Kurztitel = **Borst**).

Sympathisanten durch-
aus bei einigen Hun-
derttausend gelegen haben (Borst, S. 151 f.). Berücksichtigt man jedoch
die regionale Konzentration der Katharer vor allem in Südfrankreich

und Oberitalien, so ergibt sich für diese Gebiete ein vergleichsweise hoher Bevölkerungsanteil.

Der große Schritt von der Stufe der einfachen „Gläubigen" zur Stufe der „Vollkommenen", die allein erlöst wurden, erfolgte durch das einzige Sakrament, das die Katharer kannten, das *Consolamentum* (Tröstung). In liturgischer Feier wurden dem oder der „Gläubigen" von einem „Vollkommenen" die Hände und ein Evangelienbuch aufgelegt. Das Consolamentum wurde als Geisttaufe verstanden, die der „Engel" Jesus Christus gestiftet hatte und die nun durch die „Vollkommenen" weitergegeben wurde. Sie wurde jedoch nicht als Empfang und Einwohnung der Person des Heiligen Geistes aufgefaßt, sondern im Sinne einer Verbindung der gefallenen (Engel-)Seele mit ihrem im Himmel verbliebenen „Geist". Erst jetzt konnte die Seele die Kraft finden, sich durch Buße von der sündigen materiellen Welt zu befreien. Von nun an war der oder die „Vollkommene" zu strengster Lebensweise verpflichtet. Da viele „Gläubige" davor zurückschreckten, wurde das Consolamentum meist erst auf dem Sterbebett gespendet. Die Katharer kannten daneben auch das gemeinsame Brotbrechen, das jedoch keinerlei sakramentalen Charakter hatte, sowie eine Art Bußgottesdienst mit allgemeinem Sündenbekenntnis und Lossprechung. Vor „Vollkommenen" hatten „Gläubige" als Zeichen der Ehrfurcht vor dem in diesen wohnenden „Geist" eine Kniebeuge zu machen *(Melioramentum)*. Innerhalb der „Vollkommenen" gab es auch eine eigene Hierarchie: sie wählten „Bischöfe", die jeweils zwei Assistenten und designierte Nachfolger hatten („älterer und jüngerer Sohn"). Die Ortsgemeinden wurden von „Diakonen" geleitet. Oft lebten die „Vollkommenen", nach Frauen und Männern getrennt, in kleinen klosterartigen Gemeinschaften, die zugleich als Stützpunkte für ihre Wanderprediger dienten. Die Katharer fanden Anhänger in fast allen Bevölkerungsschichten. Häufig schlossen sich ihnen ganze Familienverbände an, in Südfrankreich galt das besonders für den Adel.

Die Katharer verstanden sich selbst zwar als die einzig wahren Christen, es ist jedoch fragwürdig, ob sie diesen Namen überhaupt verdienen. Sie kannten keine Taufe, lehnten das Alte Testament ab und interpretierten das Neue Testament auf höchst eigenwillige Weise. Vor allem die Zwei-Prinzipienlehre, die Leugnung der guten Schöpfung, ihr krudes Menschenbild und die völlige Ablehnung der realen Inkarnation Christi und seines Erlösertodes am Kreuz lassen den Katharismus eher als eine andere Religion erscheinen.

In schroffem Gegensatz zu den Katharern standen die *Waldenser,* benannt nach ihrer Gründergestalt, dem reichen Lyoner Kaufmann Waldes. Dieser hatte sich um das Jahr 1170 bekehrt und zur Wanderpredigt in Armut entschieden. Wie bei den Katharern, so liegt auch im Namen „Waldenser" eine von außen an verschiedene Gruppen herangetragene Sammelbezeichnung vor. Denn im Laufe der Zeit hatten sich auch die Waldenser aufgrund von Lehrunterschieden immer mehr aufgespalten. Hauptverbreitungsgebiete waren Südfrankreich, der Alpenraum und Oberitalien. Sie selbst nannten sich „Arme Christi", „Arme im Geiste" oder „Arme von Lyon". Ursprünglich wollten Waldes und seine ersten Anhänger keine Trennung von der katholischen Kirche. Sie versuchten lediglich, eine radikale Umkehr zu leben, was für sie freiwillige Armut und eine an apostolischen Idealen orientierte Wanderpredigt bedeutete. Dieses Gedankengut war der von der gregorianischen Reform geprägten Kirche des 12. Jahrhunderts nicht fremd. Zunächst erhielt Waldes Rückendeckung von der Kirche (Drittes Laterankonzil, 1179). Er geriet jedoch immer mehr in Konflikt mit der Kirchenleitung, was schließlich zum Kirchenausschluß führte (1184). Grund dafür waren nicht Lehrunterschiede, sondern ständige disziplinäre Probleme. Die Waldenser ließen nicht davon ab, Kleriker und Bischöfe öffentlich für ihren Lebenswandel zu kritisieren. Außerdem beschränkten sie sich in ihren Ansprachen vor dem Volk nicht auf die ihnen zugestandene Sittenpredigt, sondern kamen immer wieder auch auf dogmatische Fragen zu sprechen, was laut damaligem kirchlichen Gesetz allein den Bischöfen, oder eigens von ihnen damit Beauftragten zukam. Im Verlauf der Auseinandersetzungen sagten sich die Waldenser von der Kirche los und verstanden sich als „die wahre Kirche" mit eigener Hierarchie. In einzelnen Punkten, vor allem in der Sakramentenlehre, kam es auch zur Leugnung katholischer

Glaubenssätze. Trotzdem sind die Waldenser eindeutig als eine christliche Gruppierung anzusehen, deren Wanderprediger erbitterte Feinde der Katharer waren. Ihrem christlichen Fundament ist es auch zu verdanken, daß schon unter dem umsichtigen Papst Innozenz III. große Teile der Waldenser wieder mit der Kirche versöhnt werden konnten. An der Wiederaufnahme einer dieser Waldensergruppen hatten Diego und Dominikus entscheidenden Anteil.

Die Anfänge des Predigtwerkes

Laut Jordan stießen Diego und sein Gefolge, in dem sich auch einige Mönche aus Cîteaux befanden, in Montpellier auf ein überdiözesanes „Konzil" (vgl. zum folgenden: Tugwell, 2003, S. 104–109). Auch zwölf Zisterzienseräbte hätten daran teilgenommen. Von einem solchen „Konzil" fehlt jedoch in anderen Quellen jede Spur. In Wirklichkeit trafen Diego und seine Reisegruppe Anfang des Jahres 1206 auf eine Sitzung der päpstlichen Legaten Petrus Castelnau, Raoul von Fontfroide und Arnaud, Abt von Cîteaux und Anführer der Mission. Diese drei Zisterzienser hatten sich seit langer Zeit (Ende 1204 bis Anfang 1206) im Auftrag des Papstes erfolglos abgemüht, die Katharer Südfrankreichs zu bekehren. Auf ihre Klage hin gab ihnen Diego den oben geschilderten Rat. War das Treffen in Montpellier aber wirklich ein Zufall? Bedouelle bezweifelt dies. Für ihn ist alles von Innozenz III. „eingefädelt" (Bedouelle, S. 73; ebenso Vicaire, S. 123 f.). Der Papst hätte Diego zwar verwehrt, zu den Kumanen zu gehen, ihn dann aber auf die Situation in Südfrankreich aufmerksam gemacht. Weiter habe er ihn in die Zentrale des Zisterzienserordens Cîteaux gesandt, um dort den päpstlichen Wunsch nach einer großangelegten Zisterzienser-Predigtkampagne gegen die Häresie kundzutun. Diego sei dann zur Vorbereitung dieses Unternehmens, an dem zwölf Äbte teilnehmen sollten, von Cîteaux aus mit einem zisterziensischen Vorauskommando nach Südfrankreich aufgebrochen. Dort habe er gezielt die Legaten in Montpellier aufgesucht. Davon kann jedoch keine Rede sein! Diego ging lediglich deshalb nach Cîteaux, um sich dort

Schwesternseelsorger für das neue Nonnenkloster in seinem Bistum zu erbeten. Auf die drei Zisterzienserlegaten, die in Montpellier tagten, traf er dann wirklich ganz zufällig. Es ist also mitnichten eine Fiktion des „guten geistlichen Schriftstellers" Jordan, „daß Diego und Dominikus ihre neue Berufung schrittweise entdeckt haben" (Bedouelle, S. 73). Ihre nun beginnende Predigttätigkeit in Südfrankreich folgte keineswegs einem klugen, zusammen mit Innozenz III. entworfenen Plan. Wie schon bei der Begegnung mit dem irrgläubigen Gastwirt in Toulouse, stießen Diego und Dominikus erneut zufällig auf das Problem. Und wie es Dominikus bereits in jener Nacht getan hatte, so taten sie nun beide wieder, *was eben getan werden mußte.*

Umso erstaunlicher wirkt die Entschlossenheit und Zähigkeit, die sie dabei an den Tag legten. Denn noch während Abt Arnaud nach Cîtaux zurückkehrte, um dort die von Innozenz III. erwünschte Mission der zwölf Äbte vorzubereiten, begannen Diego und Dominikus zusammen mit den beiden übrigen Legaten, die Häresien im Languedoc durch die demütige Verkün-

Languedoc: Der mittlere Teil Südfrankreichs. Benannt nach der früher dort allgemein gesprochenen Sprache *(langue),* in der *oc* „ja" bedeutet (im Unterschied zum frz. *oui).*

digung des Evangeliums zu bekämpfen. Sie legten alle Wege zu Fuß zurück und achteten auf ein schlichtes, ihrer Botschaft entsprechendes Auftreten – so wie Diego es empfohlen hatte. Man sollte sich jedoch vor allzu romantischen Vorstellungen über diese erste Predigttätigkeit hüten. Zweifellos bestand sie in harter und oft unergiebiger Arbeit. Die Wege zu Fuß waren weit und beschwerlich. Auf den langen Fußmärschen und in den Städten und Dörfern, durch die sie kamen, sprachen sie Menschen auf den Glauben an, ohne zu wissen, wie diese reagieren würden. Die wichtigste Aufgabe der beiden bestand aber im Organisieren und Durchführen von öffentlichen Streitgesprächen mit den Häretikern. Man mußte die Irrlehrer, vor allem die Katharer, zwingen, ihre Karten offen auf den Tisch zu legen. Viele ihrer Anhänger und Sympathisanten wußten nämlich über die Lehre der Katharer gar nicht genau Bescheid, sie waren lediglich von der asketischen und in ihren Augen glaubwürdigen

Lebensweise der Häretiker beeindruckt. An wie vielen solcher öffentlicher Diskussionen Dominikus und sein Bischof teilgenommen haben, wissen wir nicht. Von den vier Streitgesprächen, die uns belegt sind (Cernai, 22–24), fanden zwei be-reits im Frühjahr 1206 statt (in Servian und Béziers).

PETRI VALLIUM SARNAII MONACHI Hystoria Albigensis, Paris 1926 (Kurztitel = **Cernai**).

Etwa ein Jahr später kam es zur gro-ßen Debatte von Montreal, die unter Beteiligung hoher katholischer und katharischer Vertreter fast zwei Wochen lang dauerte (3. Februar bis 16. März 1207). Von diesem Treffen wissen wir, daß dort nicht nur mündlich vor der zusammengelaufenen Menge diskutiert wurde, sondern daß auch schriftliche Argumente ausgetauscht wurden. Ein Richtergremium, das von beiden Parteien bestimmt worden war, sollte am Ende über den Sieger des „Religionsgespräches" bestimmen. Die Stadt Montreal war mit Bedacht gewählt worden. Sie lag in der Mitte der drei großen Diözesen Narbonne, Toulouse und Carcassonne, deren Bischöfe ebenfalls erschienen waren. Hier soll sich gemäß der *Hystoria Albigensis* auch das sogenannte „Feuerwunder" zugetragen haben. Zur Nachtzeit hatten sich einige Katharer in einem Haus versammelt und sich bei Kaminfeuer ein Blatt mit Argumenten des Dominikus vorgelesen. In ihrem Aberglauben wollten sie es der Feuerprobe unterziehen. Sollte das Blatt den Wurf ins Kaminfeuer unbeschadet überstehen, würden sie den katholischen Glauben annehmen. Doch obwohl es dreimal un-versehrt aus den Flammen herausflatterte, wollten sie sich nicht be-kehren. Reumütig berichtete einer von ihnen später Dominikus davon (Cernai, 54). Die Episode scheint einen wahren Kern zu haben, denn auch Jordan erzählt von einer Feuerprobe, die er irrtümlicherweise im nahegelegenen Fanjeaux lokalisiert und als öffentliches Ereignis darstellt (Libellus, 24). Im Anschluß an die Debatte von Montreal, bei der sich ungefähr hundertfünfzig Anhänger der Katharer bekehrt haben sollen, kam es dann zu dem von Jordan beschriebenen (von ihm aber in Mont-pellier verorteten) „Konzil". In Montreal hatten sich nämlich die bereits erwähnten zwölf Zisterzienseräbte mit den versammelten vier Bischöfen verabredet. Man kam zusammen, um die Lage zu besprechen und sich die jeweiligen Predigtgebiete aufzuteilen. Die Führung der Mission sollte wieder Arnaud, der Abt von Cîteaux, übernehmen. Die Zisterzienser hatten Diegos Ratschlag beherzigt und waren zu Fuß und ohne großen Troß eingetroffen. Währenddessen hatte Diego Vorräte und Stützpunkte für die Gruppen angelegt, so zum Beispiel das Schwesternkloster Prouille. Zu diesem Zweck hatte er immer wieder seine Heimatdiözese besucht, um dort Geld, Bücher und Mitarbeiter für die Predigt in Südfrankreich zu besorgen. Anders als Jordans Bericht glauben macht, war Diego nicht zwei volle Jahre ununterbrochen im Languedoc tätig, vielmehr pendelte er zwischen Osma und Südfrankreich hin und her. Dies belegen uns die Akten des kastilischen Königshofes, die Diego in jener Zeit immer wieder als Teilnehmer an Sitzungen erwähnen. Dominikus hat seinen Bischof mindestens auf einer dieser Reisen begleitet. Er muß nämlich in Osma sein Amt als Subprior niedergelegt haben, da er zu einem bestimmten Zeitpunkt nicht länger als Subprior bezeichnet wird. Stattdessen trägt er zukünftig den schlichten, für einen Chorherrn damals aber üblichen Titel „Bruder". Die meiste Zeit hielt sich Dominikus jedoch als ständiger Vertreter Diegos in Südfrankreich auf. Diego bestimmte ihn wohl auch zum Oberen einer dort operierenden Schar seiner Kanoniker.

Im Spätsommer 1207 kam es zum vierten uns bekannten großen Streitgespräch. Es fand in Pamiers statt und der Hauptgegner waren diesmal die Waldenser. Die Anwesenheit von Dominikus wird in den Quellen nicht erwähnt. Bischof Diego wird auf seinen treuen Gefährten aber kaum verzichtet haben. In Pamiers gelang Diego ein großer Erfolg. Eine ganze Gruppe von Waldensern trat einschließlich ihres Anführers Durandus von Osca zum katholischen Glauben über. Aus den Bekehrten entstand bald darauf mit Hilfe des umsichtigen Papstes Innozenz III. der Orden der „Katholischen Armen". Unter diesem Namen erlaubte ihnen Innozenz III. ihre bisherige Lebensweise der Wanderpredigt und ebenso die Bekämpfung der Katharer fortzusetzen. Aber trotz dieses wichtigen Teilerfolgs blieben die Fronten in Pamiers verhärtet. Obwohl die Argumente der Katholiken wie schon in Montreal erdrückend waren, weigerten sich die bestellten Richter, ihnen den Sieg im Disput zuzusprechen. Dies hatte seinen Grund darin, daß die örtlichen Adligen und ihre Familien selbst der Häresie zuneigten und die Irrlehrer deshalb protegierten. Erbost über diese unfaire Behandlung sagte Bischof Diego den kommenden Kreuzzug gegen die Häretiker und ihre adligen Unterstützer voraus. Von Pamiers aus machte er sich abermals auf den Heimweg nach Kastilien. Die Mission der Zisterzienseräbte war gerade um drei Monate verlängert worden und die Aussichten für die Sache der katholischen Wanderprediger standen nicht schlecht. Doch Diego hatte weitreichendere Pläne. Er hatte nämlich erkannt, daß die Zisterziensermönche immer nur für wenige Monate zum Predigen freigestellt wurden und sich dann wieder in ihre abgelegenen Klöster zurückziehen mußten. Das ganze Unternehmen stand daher auf tönernen Füßen. Deshalb wollte Diego den Papst bitten, eine Schar von Männern nur für die Predigt in den von der Häresie betroffenen Diözesen zu bestellen (Libellus, 28). Er hatte also eine feste Organisation von Predigern im Auge. Doch es sollte anders kommen, denn Diego starb unerwartet am 30. Dezember des Jahres 1207 in Osma. Auch politisch überschlugen sich die Ereignisse: am 14. Januar des Jahres 1208 wurde der päpstliche Legat Petrus Castelnau mit Duldung des Grafen von Toulouse ermordet. Papst Innozenz rief daraufhin die nordfranzösischen Adligen zum Kreuzzug in den Süden. Etwa zur gleichen Zeit lief die Zeit der zwölf Zisterzienseräbte ab und sie kehrten wie vorgesehen in ihre Heimatklöster zurück. Da der päpstliche Legat Raoul schon im Juli verstorben war, stand Dominikus plötzlich alleine da. Aber nicht nur das. Nach Diegos Tod hatte er als Kanoniker von Osma keinerlei Vollmacht, sich noch länger im Languedoc aufzuhalten und dort zu predigen. Anders als es Jordans Bericht nahelegt (Libellus, 31), kehrte Dominikus nach Osma zurück, wo er auf die Bestellung eines neuen Bischofs warten mußte. Seine Anwesenheit im Languedoc ist erst ab Juni 1211 wieder belegt.

Albigenserkreuzzug und Fortführung des Predigtwerkes

Dominikus, der nun Mitte dreißig war, gab jedoch nicht auf. Offenbar wollte er das Werk seines großen Bischofs und Freundes, den sogar die Katharer aufgrund seiner Tugenden bewundert und geschätzt hatten (Libellus, 26), zu Ende bringen. Der neugewählte Bischof Menendo (ab 28. Februar 1211) gab seine Zustimmung. Jetzt war für Dominikus erneut die Gelegenheit gekommen, jene Liebe zu erweisen, die er als junger Kanoniker in den stillen Jahren von Osma vom Herrn erbeten hatte: „die wahre Liebe, die wirksam ist zum Heil der Menschen".

Eine solche Liebe hatte das Gebiet, das er vor zweieinhalb Jahren verlassen hatte, nötiger denn je. Denn Innozenz III. hatte die Geduld mit den widerspenstigen südfranzösischen Adligen verloren, die nichts gegen die Häresien in ihrem Gebiet unternahmen. Im Gegenteil, weil sie selbst oder ihre nächsten Verwandten dem Irrglauben verfallen waren, hatten sie oft genug die Arbeit der kirchlichen Amtsträger behindert und die Legaten, Bischöfe und Prediger schikaniert. Die Ermordung des päpstlichen Gesandten Petrus Castelnau am 14. Januar des Jahres 1208, von Graf Raimund von Toulouse, dem mächtigsten Fürsten der Region, zumindest geduldet, war daher nur der Auslöser für den Kreuzzug, zu dem Innozenz am 10. März aufgerufen hatte.

Als das überwiegend aus nordfranzösischen Rittern bestehende Heer im Sommer des Jahres 1209 im Süden eintraf, schloß sich ihnen zunächst auch Graf Raimund an. Die ersten Monate des Kreuzzuges verliefen äußerst brutal, da die Kreuzfahrer bewußt Angst und Schrecken verbreiten wollten. Eine Stadt um die andere fiel in ihre Hände. Die gefangenen Katharer wurden vor die Wahl gestellt, sich zu bekehren oder verbrannt zu werden. Die meisten von ihnen sollen den Feuertod vorgezogen haben. Zum Jahresende 1210 war der Kreuzzug schon fast abgeschlossen, als sich Graf Raimund nun doch gegen die Nordfranzosen stellte und dafür von der Kirche exkommuniziert wurde. Das Lavieren Raimunds macht deutlich, daß dem Konflikt weniger die Religion, als der politische und kulturelle Gegensatz zwischen dem französischsprachigen Norden und dem okzitanisch sprechenden Süden zugrunde lag. Die Franzosen waren im Languedoc fremdsprachige Ausländer. Zwar galt die Grafschaft von Toulouse als ein Lehen des französischen Königs, in Wirklichkeit war sie aber fast unabhängig. Die Okzitanier, und an ihrer Spitze Raimund von Toulouse, ahnten, daß die Kreuzritter eben diese Unabhängigkeit zerstören und den Süden enger an die französische Krone binden sollten. Außerdem waren viele der kleinen französischen Adligen nur deshalb in den Süden gekommen, um sich dort zu bereichern. Diese Umstände erklären die Brutalität und die Hartnäckigkeit, mit der dieser Krieg für noch fast zwanzig weitere Jahre ausgefochten wurde.

Wie aber stand Dominikus zum Kreuzzug? Wir wissen, daß er mit Simon de Montfort, dem Anführer der Unternehmung, persönlich gut bekannt war. Auf Wunsch Simons hatte er eine seiner Töchter getauft sowie die Ehe seines Sohnes geschlossen. Simon hatte bereits am vierten Kreuzzug (1202–1204) teilgenommen, der ursprünglich nach Ägypten führen sollte, dann aber von den Venezianern nach Konstantinopel umgeleitet worden war. Da er sich an einem solchen Verbrechen gegen Christen nicht beteiligen wollte, war Simon jedoch schon lange vor der Einnahme und Plünderung Konstantinopels wieder umgekehrt. Dominikus dürfte in Simon einfach einen christlichen Ritter gesehen haben, der dem Aufruf des Papstes zum Kreuzzug gefolgt war. Es sind uns keinerlei negativen Aussagen des Dominikus zum Kreuzzug überliefert – aber eben auch keine explizit positiven. Es fällt auf, daß Dominikus laut den frühen Quellen nie bei einer militärischen Unternehmung der Kreuzritter oder gar bei einer Ketzerverbrennung anwesend war. Was tat Dominikus dann in diesen Jahren? Jordan berichtet lapidar: „Zu der Zeit, als dort die Kreuzritter waren, blieb Bruder Dominikus bis zum Tod des Ritters von Montfort ein eifriger Prediger des Göttlichen Wortes" (Libellus, 34). Seine Tätigkeit scheint sich also durch den Kreuzzug nicht geändert zu haben, außer daß die Situation nun auch für ihn, den schutz- und wehrlosen Wanderprediger, gefährlicher geworden war. Ein weiteres Indiz dafür, daß sich Dominikus aus den machtpolitischen Auseinandersetzungen möglichst heraushalten wollte, ist seine Ablehnung von südfranzösischen Bischofssitzen. Dreimal wurde er zum Bischof gewählt: 1212 in Béziers, 1214/15 in Couserans und zu einem nicht mehr feststellbaren Zeitpunkt in Comminges (vgl. Tugwell, 2003, S. 61–69). Sicher standen die Demut des Ordensmannes, ebenso wie die Absicht, sich für die überdiözesane Predigttätigkeit freizuhalten, hinter der Nichtannahme solcher Ämter. Der Hauptgrund war aber wohl, daß Dominikus sehr genau wußte, wie schnell er als Bischof in die Mühlen des Konflikts zwischen Franzosen und Okzitaniern kommen konnte. Denn auch er war ein Ausländer im Languedoc, selbst wenn er sich als Kastilier mit den Okzitaniern sprachlich besser verständigen konnte, als die Franzosen. Wie scharf Dominikus die Bischofswürde, die unweigerlich politische Verstrickungen mit sich bringen mußte, ablehnte, illustrieren zwei Aussagen aus den Akten zur Heiligsprechung: „Der Diakon Markus sagte als vereidigter Zeuge aus, daß er (Dominikus) das Bischofsamt zurückwies." „R. und Zozanna sagten aus, sie hätten von ihm gehört, daß er eher des Nachts mit seinem Stock davonlaufen würde, als daß er das Bischofsamt oder sonst eine Ehrenstellung annehmen würde" (Akten Toulouse, 22 und 25).

Trotz des guten Rufes, den Dominikus bei der katholischen Bevölkerung und beim Klerus genoß (Libellus, 36), so hatte er es auch ohne Bischofsamt schon schwer genug: „Er ging der Ehre nicht verlustig, die darin besteht, für den Namen Jesu Schmähungen zu erleiden (Apg 5,41). Denn oft verlachten ihn die Häretiker. Sie trieben ihren Spott mit dem heiligen Mann, indem sie ihn anspuckten und ihn mit Schlamm und anderem Schmutz bewarfen. (...) Als ob das nicht genügte, stellten sie auch noch dem Leben des Gerechten nach und legten ihm Hinterhalte, wo sie ihn mit wilden und gotteslästerlichen Drohungen überhäuften. Doch der Soldat Christi verachtete in gläubigem Großmut die, die ihn mit dem Tod bedrohten und sagte ihnen: ‚Ich bin des Martyriums nicht würdig.‘" Als man ihm ein weiteres Mal auflauerte, begann er laut und fröhlich zu singen und bat seine Gegner ruhig, ihn nicht sofort zu töten, sondern ihn Stück für Stück langsam zu verstümmeln und ihn so in seinem Blut liegen zu lassen. Diese Bitte rief solches Entsetzen hervor, daß man ihm von da an keinen Hinterhalt mehr legte (Ferrandus, 20).

Die Katharer hatten Grund genug, Dominikus erbittert zu hassen. Denn durch seine Predigt und die ihm verliehene Weisheit konnte er viele Häretiker wieder zum katholischen Glauben zurückführen und sie mit der Kirche versöhnen. Aber noch mehr als seine Worte überzeugten sein stets freundliches und liebevolles Auftreten sowie seine strenge und asketische Lebensführung. So berichten uns die Akten zweier 1243 bzw. zwischen 1245 und 1247 durchgeführten Inquisitionen namentlich von zahlreichen Häretikern, die Dominikus bekehrt

> Die **Inquisition** („Untersuchung") war ein seit dem 13. Jahrhundert gebräuchliches Prozeßverfahren und bedeutete zunächst einen Fortschritt in der Rechtsfindung. Ab 1231 wurde dieses Verfahren auch in der Ketzerbekämpfung angewandt.

haben soll. Es werden darin auch die Briefe erwähnt, die er ihnen als Bestätigung ihrer nunmehrigen Rechtgläubigkeit ausgestellt hat (Urkundenbuch, Appendix I). Zwei dieser Rekonziliationsbriefe sind uns erhalten. Im ersten legt Dominikus dem Betroffenen auch Bußwerke auf, die zunächst als übermäßig hart erscheinen. Man muß jedoch bedenken, daß der nun bekehrte Mann zuvor der Gruppe der „Vollkommenen" angehört hatte. Als solcher war er strenge Askese gewöhnt und wollte diese Lebensweise wohl auch zukünftig beibehalten.

„Allen Christgläubigen, die diesen Brief lesen, wünscht Bruder Dominikus, Kanoniker von Osma und der Geringste der Prediger, Heil in Christus. Kraft der Autorität des Herrn Zisterzienserabtes (Arnaud) und päpstlichen Legaten, der uns diesen Dienst übertragen hat, versöhnen wir den Inhaber dieses Schreibens, Pons Roger, der sich dank der Gnade Gottes von der Sekte der Häretiker bekehrt hat. In der Kraft des gewährten Sakramentes (der Absolution) tragen wir ihm auf, daß er sich an drei Sonntagen oder an drei Festtagen, von einem Priester geführt und mit entblößtem Oberkörper den ganzen Weg vom Dorfeingang bis zur Kirche hin geißeln soll. Wir tragen ihm auf, sich von allem Fleisch, von Eiern, Käse und allen übrigen vom Tier stammenden Nahrungsmitteln zu enthalten. An Ostern, Pfingsten und Weihnachten muß er jedoch davon essen, zum Zeichen, daß er sich von seinen früheren Irrtümern abgewandt hat. Er soll drei Fastenzeiten im Jahr halten, in denen er auch keinen Fisch essen darf. An drei Tagen in der Woche soll er keinen Fisch, kein Öl und keinen Wein zu sich nehmen und fasten, außer bei körperlicher Schwäche oder großer Hitze. Er soll ein mönchartiges Gewand mit zwei kleinen Kreuzen auf der Brust tragen. Er soll täglich die Messe hören und an Festen zur Vesper in die Kirche gehen. Die anderen Gebetshoren, sowohl die nächtlichen, wie die bei Tag, soll er verrichten, wo immer er sich aufhält. Er soll dabei sieben Mal am Tag zehn Vaterunser beten, in der Nacht zwanzig. Er halte die Keuschheit vollständig ein und hat bei dem Dorf Trierium zu bleiben. Diesen Brief soll er seinem Pfarrer einmal im Monat zeigen. Dem Pfarrer aber tragen wir auf, daß er sich sorgfältig um seine Lebensführung sorge. Das alles soll er sorgfältig beachten, bis der Herr Legat uns etwas anderes aufträgt. Wenn er es aber zu beachten verschmäht, soll er wie ein Eidbrüchiger, Häretiker und Exkommunizierter behandelt werden und von der Gemeinschaft der Gläubigen ausgeschlossen werden" (Urkundenbuch, 8). Wie gesagt, für Pons Roger waren die auferlegten Bußwerke wohl selbstverständlich. Der Brief trug in seiner ursprünglichen Form das Siegel des Predigtwerkes, ein Lamm, das ein Kreuz hält. Das Siegel, das aus der Zeit der Zisterziensermissionen stammte und das Dominikus noch lange weiterverwenden sollte, war sicher mit Bedacht gewählt. Das „Lamm Gottes" bezeichnete die von den Katharern abgelehnte Mitte des christlichen Glaubens. Christus, der fleischgewordene Sohn Gottes, ließ sich aus Liebe zu den Menschen hinrichten, ist jedoch siegreich auferstanden und hält nun sein Kreuz als Zeichen des Triumphes. Das Siegel trägt darum auch die Umschrift: „Siegel Christi und des Predigtwerkes" (Tugwell 2003, S. 10). Bei dem zweiten erhaltenen Schriftstück handelt sich um einen kurzen Schutzbrief für einen Mann, der einen bekehrten Katharer in sein Haus aufgenommen hatte. Der Brief sollte den Mann davor bewahren, bei seinen Mitbürgern nun selbst in den Ruf der Häresie zu kommen.

Neben diesen Wiederversöhnungen von Einzelpersonen mit der Kirche hatte Dominikus eine Fülle anderer Aufgaben. So vertrat er beispielsweise Anfang des Jahres 1213 den Bischof von Carcassonne. Dieser war für längere Zeit in den Norden gereist und hatte Dominikus zu seinem Vikar *in spiritualibus,* also in geistlichen Dingen, ernannt. Auch mit Fulko, dem Bischof von Toulouse, war Dominikus eng verbunden. Schon Bischof Diego hatte sich mit dem Mann befreundet, der zuerst Familienvater und gefeierter Troubadour, dann Zisterziensermönch und seit 1206 Bischof der bedeutenden, aber auch schwierigen Diözese Toulouse war. Während des Kreuzzugs bemühte sich Fulko darum, die Gräuel des Krieges zu mildern und die Feinde zu versöhnen. Gleichzeitig erwies er sich aber auch als scharfer Gegner der Katharer (vgl. Hoyer, S. 50 f.).

> Vgl. *Jordan von Sachsen,* hrsg. von Wolfram Hoyer, 2002 (Kurztitel = **Hoyer**).

Von Fulko ließ sich Dominikus immer mehr in Dienst nehmen. Längere Zeit dürfte er auch in dessen Haus in Toulouse gewohnt haben (1214). All das war nicht verwunderlich, schließlich lag der einzige Stützpunkt, den das Predigtwerk bis dahin hatte, auf Toulouser Gebiet. Es handelte sich um das Nonnenkloster Prouille, das noch Bischof Diego für einige von Dominikus und seinen Gefährten bekehrte Kathareinnen gegründet hatte. Zusammen mit Fulko arbeitete Dominikus daran, diesen Stützpunkt auszubauen. Fulko übertrug ihm dafür auch die Pfründe der nahegelegenen Pfarrei Fanjeaux (in der Dominikus aber sicher nicht als Pfarrer tätig war). Mehrere Urkunden bezeugen außerdem Schenkungen von Bischöfen der Region oder von Privatleuten an dieses Kloster. Eines dieser Dokumente, eine Schenkungsurkunde des Bischofs von Narbonne aus dem Jahr 1207, macht deutlich, daß Dominikus schon damals nicht alleine im Languedoc tätig war. Es ist nämlich von „Dominikus und seinen Gefährten" die Rede (Urkundenbuch, 5). Einer von ihnen war der Zisterzienser Wilhelm von Claret. Man kann aber davon ausgehen, daß auf Diegos Geheiß auch weitere Domherren aus Osma in Südfrankreich wirkten. Ebenso wird Diegos Nachfolger auf dem Bischofsstuhl dem Dominikus nach seiner Rückkehr ins Katharergebiet wieder Mitbrüder geschickt haben. Wir wissen von mindestens zwei Kanonikern aus Osma, die sich mit Dominikus zusammen im Languedoc aufhielten und später in seinen neuen Orden eintraten, nämlich die mehrfach bei Jordan erwähn-

Simon Tugwell, *Notes on the life of St Dominic*, in: AFP 65 (1995) S. 5–169 (Kurztitel = **Tugwell, 1995**)

ten Dominikus (ein Namensvetter unseres Heiligen) und Miguel de Ucero (Tugwell, 1995, S. 78). Ebenso könnte Maméz, der leibliche Bruder des hl. Dominikus, Kanoniker in Osma gewesen sein. Dominikus hatte also ein kleines Team von Predigern um sich geschart und besaß mit Prouille einen festen Stützpunkt für sie. Allerdings war ihm keiner seiner Mitarbeiter zu persönlichem Gehorsam verpflichtet, so daß keine feste oder gar lebenslange Bindung an das Predigtwerk bestand. Bis zum Jahr 1214 agierte Dominikus zudem ohne eigene Vollmachten. In allen Urkunden firmiert er schlicht als „Kanoniker von Osma". Seine Vollmachten hingen ganz von denen des päpstlichen Legaten ab, wie der Rekonziliationsbrief für Pons Roger zeigt. Das Predigtwerk hatte daher lediglich den Charakter einer zeitlich befristeten Unternehmung. Diese unsichere Lage konnte Dominikus ebenso wenig wie Fulko, der die Arbeit des Dominikus und seiner Leute immer mehr schätzen lernte, nicht befriedigen. Wohl auf Betreiben Fulkos erhielt Dominikus daher im Frühjahr des Jahres 1214 vom päpstlichen Legaten Peter von Benevent erstmals eigene Vollmachten und eine offizielle Position. Fortan nannte sich Dominikus *humilis minister praedicationis* – demütiger Diener des Predigtwerkes.

Ein weiterer großer Schritt zur Gründung des späteren Predigerordens erfolgte Anfang des Jahres 1215. Zwei Toulouser Bürger banden sich gleichsam lehenseidlich an Dominikus *(obtulerunt se)*. Erstmals verfügte Dominikus nun über „Untergebene", das heißt Mitarbeiter, die sich fest an seine Person und an sein Projekt gebunden hatten. Der eine von beiden, Petrus Seilhan, schenkte Dominikus auch ein Haus in Toulouse. Plötzlich verfügte das Predigtwerk über einen zweiten Stützpunkt, noch dazu in der bedeutenden Stadt Toulouse. Petrus, der später Prior in Limoges wurde, scherzte Jahre danach noch, daß nicht der Orden ihn, sondern er den Orden aufgenommen habe (Tugwell, 2003, S. 90). Bald darauf band sich ein weiterer Mann fest an das Predigtwerk, denn am 28. August des Jahres 1215 legte Johannes von Navarra Profeß in die Hände des Dominikus ab.

Bischof Fulko wollte dem Predigtwerk nun institutionelle Festigkeit verleihen. Er ließ den Predigern den sechsten Teil des Zehnten seiner Diözese zukommen und etablierte das Predigtwerk als bleibende Organisation in seinem Bistum. Außerdem stellte er Dominikus ein Hospiz in Toulouse zur Verfügung. Hier konnten nun wie schon in Prouille einige durch die Brüder bekehrte Frauen gemeinsam leben. Von der Gründung eines „Ordens" waren Dominikus und Fulko gedanklich aber noch weit entfernt.

Die Aussendung der Brüder

Innozenz III. und das Vierte Laterankonzil

Nahezu ein Jahrzehnt war vergangen, seit Dominikus in jener Nacht seinen häretischen Gastwirt bekehrt hatte. Unter schwierigsten Umständen hatte er sich lange Zeit im Dienst der Verkündigung abgemüht, doch mit Fulkos Hilfe und der großzügigen Tat Peter Seilhans schien jetzt etwas Neues anzubrechen. Das Predigtwerk, das einmal als zeitlich befristete Zisterziensermission begonnen hatte, war im Begriff, eine neue Gestalt mit festeren Strukturen anzunehmen. Da Papst Innozenz für das Jahr 1215 ein Allgemeines Konzil in Rom einberufen hatte, schien die Gelegenheit günstig, ihn dort um die Bestätigung des Erreichten zu bitten. Bischof Fulko machte sich also zusammen mit Dominikus auf den Weg nach Rom. Noch vor Konzilsbeginn trafen sie dort ein und wurden von Innozenz empfangen. Jordan berichtet: „Diesem Bischof (Fulko) schloß sich Dominikus an, um mit ihm zum Konzil zu gehen. Gemeinsam wollten sie Papst Innozenz bitten, er möge dem Bruder Dominikus und seinen Gefährten seinen Orden bestätigen. Er solle ‚Orden der Prediger‘ heißen und sein. Ebenso möge er die Einkünfte bestätigen, die die Brüder vom Grafen (Montfort) und vom Bischof erhalten hatten. Als sich der Bischof des Römischen Stuhles ihr Anliegen angehört hatte, forderte er Bruder Dominikus auf, zu seinen Brüdern zurückzukehren. Nach ausreichender Beratung mit ihnen sollten sie sich in einmütiger Entscheidung eine bereits anerkannte Regel aussuchen. Der Bischof (Fulko) solle ihnen eine Kirche zuweisen. Wenn all dies geschehen sei, könne er zum Papst zurückkehren und die Bestätigung für alles empfangen" (Libellus, 40–42).

Jordans auf den ersten Blick so klarer Bericht bedarf der Interpretation (vgl. Tugwell, 1995, S. 23–35). Er darf nicht dahingehend mißverstanden werden, als hätte Dominikus schon weitreichende und genaue Pläne für einen weltweit operierenden und gänzlich neuen Orden mit eigener Regel gehabt. Gemäß einem solchen Verständnis muß die Antwort des Papstes enttäuschend und hinhaltend erscheinen. Innozenz hätte Dominikus dann lediglich die Errichtung eines Klosters nach althergebrachtem Muster gestattet. Verstärkt wird dieser negative Eindruck noch durch Konstantins Version der Begegnung. In seiner *Legenda* macht Konstantin von Orvieto nämlich die Bemerkung, der Papst habe

: *Legenda S. Dominici* CONSTATNINI URBIVETANI, in: MOPH XVI, Rom 1935, S. 286–352 (Kurztitel = **Konstantin**).

sich bei dem Treffen „als schwierig gezeigt" (Konstantin, 21). In Jordans ursprünglicherem und genauerem Bericht kann davon jedoch keine Rede sein. Jordan schildert weder einen „schwierigen" Innozenz, noch einen enttäuschten Dominikus.

Um die Antwort des Papstes besser zu verstehen, muß man zuerst einmal bedenken, worum Fulko und Dominikus ihn wirklich baten. An einen neuen und weltweit tätigen „Orden" im heutigen Sinn dachten sie auf keinen Fall. Sie erbaten nicht die Erlaubnis zu einem großartigen Neuaufbruch, sondern die Bekräftigung des bisher Erreichten. Denn nur eine solche päpstliche Bestätigung konnte dem neuformierten Predigtwerk sicheren Bestand in der Zukunft und größere Unabhängigkeit von Simon de Montfort und den möglichen Nachfolgern Fulkos geben. Darüber hinaus wollten Fulko und Dominikus wohl auch den Rat des Papstes für ihr weiteres Vorgehen einholen. In der jetzigen Form war das Predigtwerk allein auf das Bistum Toulouse beschränkt, die Häresie war in den Nachbardiözesen aber genauso verbreitet.

Wenn *das* die Bitten und Anfragen Fulkos und Dominikus' waren, dann könnte die Antwort des Papstes als eine Überraschung verstanden werden, die alle ihre Erwartungen und Vorstellungen weit überstieg. Dem Papst, der gerade das größte Reformkonzil des Mittelalters einberufen hatte, war die innere Erneuerung der Kirche ein echtes Anliegen. Innozenz wußte genau, was der Kirche mit am meisten fehlte, nämlich gute Prediger und Beichtväter. Folgerichtig sollte das Vierte Laterankonzil in seinem 10. „Kapitel" von den Bischöfen verlangen, „geeignete Männer zum Dienst der heiligen Predigttätigkeit" (Urkundenbuch, 61) zu bestellen. Zu dieser Zeit oblag die Glaubensverkündigung nämlich vor allem den Bischöfen, ihnen allein war es erlaubt, öffentlich zu predigen. Doch sie kamen dieser Aufgabe kaum nach, sei es aus persönlichem Unvermögen oder aufgrund ihrer vielfältigen anderen Aufgaben. Die Idee eines Predigtwerkes, wie Fulko und Dominikus es vorschlugen, kamen den Vorstellungen des Papstes also sicher entgegen. Schließlich war er es auch gewesen, der den mit der Kirche wiederversöhnten Waldensergruppen des Durandus von Osca (Katholische Arme) und des Bernard Prim (Lombardische Arme) die Predigttätigkeit weiter erlaubt hatte. Gleichzeitig hatte Innozenz aber auch schlechte Erfahrungen mit diesen Gruppierungen gemacht, oder besser gesagt, mit den Bischöfen vor Ort, die von den Ex-Häretikern nichts wissen wollten. Hinzu kam, daß den Lombardischen und den Katholischen Armen überwiegend Laien angehörten, denen lediglich die Sittenpredigt erlaubt war, nicht jedoch die Verkündigung des Glaubens. Aus diesen Gründen dürfte der Papst dem Dominikus empfohlen haben, eine bereits von der Kirche anerkannte Ordensregel zu wählen. Einem herkömmlichen Klerikerorden würde kein Bischof eine Gründung auf seinem Territorium verweigern können. War es also Innozenz, der die Vision vom weltweiten Predigerorden hatte? In Dominikus hatte er jedenfalls den richtigen Mann gefunden. Vor ihm stand ein reifer Ordensmann Anfang vierzig, der sich in vielen schwierigen Missionen für die Kirche bewährt hatte. Möglicherweise hatte Innozenz auch von Durandus, den Diego und sein Gefährte in Pamiers wiederversöhnt hatten, bereits von Dominikus gehört.

Für Dominikus könnte die Vision des Papstes ein Schock gewesen sein. Mit seinem kleinen Häuflein von Predigern war sie unmöglich umzusetzen. Bei Gerhard von Frachet finden wir einen Hinweis, wie mutlos Dominikus sich damals gefühlt haben muß. Gerhard schildert zunächst im gleichen Wortlaut wie Konstantin, daß sich Innozenz „als schwierig gezeigt" habe. Konstantin kann daher als Quelle für diese irrige Vorstellung angesehen werden. Dann fügt Gerhard jedoch eine Trostgeschichte an, die einen wahren Kern zu haben scheint. „Als Dominikus nach seiner Gewohnheit die ganze Nacht im Gebet verbrachte, sah er die heiligen Apostel Petrus und Paulus. Petrus hielt in der Rechten die Schlüssel des Himmelreichs und überreichte ihm mit der Linken einen Wanderstab. Paulus aber hielt in der Linken das Schwert, mit dem er enthauptet worden war, und in der Rechten das Evangelium. Er überreichte es ihm und sagte: ,Geh und predige. Denn vom Herrn bist Du auserwählt.' Als er sich aber über die kleine Zahl seiner Gefährten beklagte, sah er plötzlich, wie die Brüder je zwei und zwei die ganze Welt durchwanderten und den Namen des Herrn verkündeten" (Chronica, S. 323).

Dominikus beklagte sich bei den Apostelfürsten nicht über Innozenz III. Die Kleinheit seiner Predigerschar war es, die ihm angesichts der Idee des Papstes Sorgen bereitete. Doch der Anblick einer großen, die Welt durchstreifenden Menge von Brüdern flößte ihm neue Zuversicht ein. Seit dem Aufenthalt in Rom sollte Dominikus die Vision des Papstes und vielleicht auch seine eigene von den Aposteln nicht mehr loslassen. „Es war keine Krise, die Innozenz hervorrief. Es war ein Abenteuer" (Tugwell, 1995, S. 35). Von nun arbeitete Dominikus mit aller Kraft an dessen Durchführung.

Honorius III. und die Chorherren von St. Romains

Während des Vierten Laterankonzils, zu dem 404 Bischöfe aus ganz Europa zusammengekommen waren, müssen sich für Dominikus neue, bis dahin unbekannte Horizonte geöffnet haben. Nach Ende des Konzils, blieb er mit Fulko noch einige Wochen in Rom und konnte so mit dem Papst weitere Gespräche über die Gründung des neuen Ordens führen. Dann aber befolgte er Innozenz' Anweisungen. „Als sie nach Abschluß des Konzils zurückkehrten, teilten sie den Brüdern die Entscheidung des Papstes mit. Sogleich wählten die zukünftigen Prediger die Regel des hl. Augustinus, der selbst ein ausgezeichneter Prediger gewesen war. Zusätzlich nahmen sie einige strengere Gebräuche an, die die Nahrung, das Fasten, die Art ihrer Betten und den Gebrauch von Wolle betrafen.

Sie nahmen sich auch vor und bestimmten, daß sie keine Besitzungen haben wollten, damit der Dienst der Predigt nicht durch die Sorge um irdische Güter behindert werde. Allein Einkünfte in Form von Renten ließen sie zu" (Libellus, 42).

Auch dieser Bericht Jordans erweckt nicht den Eindruck, daß die Brüder mit der Antwort des Papstes in irgendeiner Weise unzufrieden gewesen wären. Keiner scheint eine eigene „Predigerregel" gefordert zu haben. Vielmehr wählten sie „sogleich" die Augustinusregel. Eine solche Entscheidung legte sich nicht nur aufgrund des bekannten Predigttalentes des hl. Augustinus nahe. Daß die Wahl sehr schnell erfolgte, sollte auch daran erinnern, daß sich unter den Brüdern möglicherweise nicht wenige Kanoniker von Osma befanden. Wie Dominikus selbst, lebten sie bereits viele Jahre mit der Augustinusregel. Es wird auch nichts von einem neuartigen Ordenskleid für die Mitglieder der neuen Gemeinschaft berichtet. Vielmehr dürften von nun an einfach alle den weißen Kanonikerhabit mit dem schwarzen Mantel getragen haben, den Dominikus und seine kastilischen Mitbrüder aus Osma mitgebracht und niemals abgelegt hatten. Die Mitglieder des alten Predigtwerkes, die schon seit dem Einzug in ihr neues Toulouser Haus begonnen hatten, „sich dem Ordensleben anzugleichen" (Libellus, 38), waren nun endgültig alle „richtige" Ordensmänner geworden. Durch die nun übernommenen „strengeren Gebräuche" bezeugten sie auch die Ideale, die sie vom Ordensleben hatten. Denn sie übernahmen zu großen Teilen die Konstitutionen der Prämonstratenser, einer Chorherrengründung des 12. Jahrhunderts, die sich an der härteren Lebensform der Mönche orientierte. Wie die Prämonstratenser wollten auch die Predigerbrüder „vermönchte" Kanoniker sein, die Fleischgenuß sowie das Tragen von Leinenstoffen verboten und die persönliche Armut lebten. Inwieweit die kleinen Gemeinschaften in Toulouse und Prouille neben ihrer aufreibenden Tätigkeit als Wanderprediger diese Gebräuche und das nun vorgeschriebene gemeinsame Chorgebet wirklich leben konnten, muß dahingestellt bleiben. Trotzdem formulierten Dominikus und seine Brüder ein Ideal, das sie in vielleicht größeren Gemeinschaften einmal verwirklichen wollten.

Als regulierte Chorherren brauchten sie jetzt, wie vom Papst angeordnet, auch eine eigene Kirche. Fulko wies ihnen St. Romains in Toulouse zu, eine Kirche, die sie möglicherweise schon vorher genutzt hatten (Vicaire, 1984, S. 28 f.).

„An der genannten Kirche des hl. Romanus wurde aber unverzüglich ein Kloster mit Zellen errichtet, die zum Studieren und Schlafen geeignet waren. Die Brüder waren damals etwa sechzehn an der Zahl" (Libellus, 44).

: Vgl. Marie-Humbert Vicaire, *L'ordre de Saint Dominique en 1215*, in: AFP 54 (1984) S. 5–38 (Kurztitel = **Vicaire, 1984**).

Nachdem die nunmehrigen „Kanoniker von St. Romains" – so ihr neuer Name – alle Forderungen des Papstes erfüllt hatten, erreichte sie eine traurige Nachricht. Innozenz III., der größte Papst des Mittelalters, war am 16. Juli 1216 verstorben. Mußte Dominikus jetzt ganz von vorn beginnen?

Schon zwei Tage darauf hatten die Kardinäle einen Mann aus ihrer Mitte zum Nachfolger gewählt, der an der Kurie von Innozenz III. keine bedeutende Rolle gespielt hatte. Von den Unterredungen seines Vorgängers mit Dominikus dürfte er kaum etwas gewußt haben (Tugwell, 1995, S. 36). Verständlicherweise zeigte sich Honorius III. zunächst ein wenig reserviert, als Dominikus Ende des Jahres in Rom eintraf, um sich das bisher Erreichte bestätigen zu lassen. Am 22. Dezember des Jahres 1216 ließ ihm Honorius lediglich eine Routine-Bulle ausstellen, die den Mitbrüdern in Toulouse ihren neuen Status als Kanoniker von St. Romains bestätigte und ihre Besitzungen unter päpstlichen Schutz nahm. Von ihrer Tätigkeit als Prediger war jedoch keine Rede. Eine bestimmte Formulierung legte außerdem nahe, daß die Brüder fest an die Kirche St. Romains gebunden seien (Urkundenbuch, 77). Dominikus scheint einige Gespräche mit dem neuen Papst und vor allem mit dessen Mitarbeitern gebraucht zu haben, um seine und Innozenz' umfassenderen Pläne für die Prediger darzulegen. Nach und nach dürften Honorius und seine Mitarbeiter Vertrauen zu Dominikus gefaßt haben. Denn am 19. Januar des Jahres 1217 erhielt Dominikus eine zweite, bemerkenswerte Bulle (Urkundenbuch, 78). In ihr forderte der Papst die Universität von Paris auf, Professoren und Studenten der Theologie nach Toulouse zu senden. Möglicherweise ging diese Bitte auf Dominikus' Wunsch zurück, in Toulouse eine Universität oder zumindest eine theologische Fakultät zu gründen. Dominikus wußte, daß man ohne gute Ausbildung auch kein guter Prediger werden konnte. Das galt für seine eigenen Mitbrüder genauso wie für die Weltgeistlichen. Darüber hinaus hätte eine Universität auch ein Reservoir an begabten jungen Männern dargestellt, aus deren Reihen der eine oder andere für die neue Gründung zu gewinnen war. Noch wichtiger als diese Bulle war jedoch eine weitere, die Dominikus schon drei Tage später erhielt. Darin werden die Brüder in Toulouse zum ersten Mal offiziell als „Prediger" bezeichnet. Dominikus muß bis zuletzt auf diesem neuartigen Titel für seine junge Ordensgemeinschaft bestanden haben. Denn in der noch heute erhaltenen Bulle stand zuerst nur das Partizip „predigend" *(praedicantes)*. Kurz vor Unterzeichnung der Bulle wurde „predigend" jedoch ausradiert und in „Prediger" *(praedicatores)* verbessert (Urkundenbuch, 79). Nun war die Bulle an die „Brüder von St. Romains, die Prediger in der Gegend von Toulouse", adressiert. Dies war zwar noch nicht der exakte spätere Name des Ordens, außerdem erschien der Orden noch immer auf die Diözese von Toulouse beschränkt. Trotzdem wurde erstmals anerkannt, daß die Brüder des Dominikus mit der Predigt nicht nur eine zeitweilige Tätigkeit ausübten, sondern bleibend und von ihrem Wesen her Prediger waren. Dies war eine gewisse kirchenrechtliche Neuerung, da diese Bezeichnung bisher nur den Bischöfen zukam.

Honorius stellte auf Betreiben des Dominikus noch zwei weitere Dokumente aus. Am 28. Januar bat er die Stadtoberen und die Bevölkerung von Toulouse in einem Brief, sich der Frauen anzunehmen, die Dominikus bekehrt hatte und denen Fulko ein Hospiz zur Verfügung gestellt hatte (Urkundenbuch, 80). Zudem korrigierte der Papst in einer weiteren Bulle vom 7. Februar des Jahres 1217 sein erstes Schreiben an Dominikus in einem kleinen, aber wichtigen Punkt. Statt der Wendung „die Profeß in *eurer* Kirche ablegen", war nun die Rede von Brüdern, die

„in eurem *Kloster* Profeß ablegen". Dies bedeutete, daß die Brüder nicht mehr streng an St. Romains gebunden waren, sondern auch in anderen Städten Klöster gründen konnten, um dort Kandidaten aufzunehmen (Urkundenbuch, 81).

Nachdem Dominikus all das an der Kurie erreicht hatte, beschloss er, für einen Teil der gerade anbrechenden Fastenzeit in Rom zu bleiben. Er knüpfte in dieser Zeit nicht nur Kontakt zu den Schwestern von Santa Maria in Tempulo, sondern besuchte auch fast täglich die Reklusen, die sich an der alten Stadtmauer Roms hatten einschließen lassen und dort unter unvorstellbaren hygienischen Bedingungen lebten. Schwester Cäcilia berichtet von zwei Heilungen, die Dominikus damals wirkte. Durch sein Gebet und seinen Segen befreite er eine Rekluse von Brustkrebs, eine andere von einem schweren Geschwür auf dem Arm (Cäcilia, 12 und 13).

: *Miracula beati Dominici quae narravit* CECILIA ROMANA, in: AFP 37 (1967) S. 21–44 (Kurztitel = **Cäcilia**).

Außerdem war er häufiger Gast im Haus des Bischofs von Ostia, des Kardinals Hugolino, der Dominikus während seines Aufenthalts an der Kurie viel geholfen hatte. Da Hugolino ein Förderer des hl. Franziskus war, könnte Dominikus bei ihm auch dem Gründer der Minderbrüder einmal begegnet sein. Davon ist uns jedoch nichts Sicheres überliefert. Ebenso müssen die anderen Legenden und Hinweise, die in der franziskanischen Tradition darüber zu finden sind, als ungesichert gelten. Im Hause Hugolinos traf Dominikus auch den jungen Wilhelm von Monferrato, der im Prozeß zur Heiligsprechung selbst seine Begegnungen mit Dominikus beschreibt. Dominikus habe viel mit ihm über ihr ewiges Heil und das der anderen Menschen gesprochen. Sie hätten miteinander vereinbart, nach Ablauf von zwei Jahren als Missionare zu den Heiden im Norden zu gehen. Innerhalb dieser Frist wolle er, Dominikus, die Gründung seines Ordens abgeschlossen haben, Wilhelm solle dagegen in Paris Theologie studieren (Akten Bologna, 12). Aus dem Missionsprojekt wurde nichts, doch Wilhelm trat später in Paris bei den Predigern ein. Da er aus einer der angesehensten Adelsfamilien Italiens stammte und die Zuneigung des Papstes besaß, sollte Wilhelm für den Orden noch sehr wertvoll werden.

Die Aussendung der Brüder

Nach Ostern traf Dominikus wieder in Südfrankreich ein. Wenige Monate später, am Fest Mariä Himmelfahrt des Jahres 1217, schritt er zu einer außergewöhnlichen Tat, die in die dominikanische Geschichtsschreibung als „Aussendung der Brüder" einging. Vier Brüder schickte er nach Spanien, zwei andere Gruppen (insgesamt sieben Brüder) sollten auf getrennten Wegen nach Paris gehen. Ihre Zielvorgabe war die Gründung weiterer Niederlassungen. Nur ein kleiner Rest blieb in Toulouse zurück. Dominikus selbst brach Mitte Dezember in Begleitung mindestens eines Mitbruders wiederum nach Rom auf. Er wollte dort dem Papst von seiner plötzlichen Entscheidung mitteilen und mittels weiterer Bullen aus der päpstlichen Kanzlei die Festigung und Verbreitung des Ordens fördern. Die ausgesandten Brüdergruppen hatte er angewiesen, nach einiger Zeit Boten zu ihm zu schicken, um zu berichten, wie es ihnen ergangen war.

Was hatte Dominikus zu dieser riskanten Zerstreuung seiner kleinen Schar bewogen? Konstantin von Orvieto (Konstantin, 25–26) legt uns als unmittelbaren Auslöser die bereits erwähnte Erscheinung der Apostelfürsten Petrus und Paulus nahe, die er fälschlicherweise auf das Jahr 1217 datiert. Einmal mehr will Konstantin damit die visionäre Kraft und die übernatürliche Begabung des Dominikus herausstreichen. Doch Jordans Bericht ist nicht nur älter, sondern auch stimmiger. „Im Jahre 1217 planten die Bürger von Toulouse einen Aufstand gegen den Grafen von Montfort. Durch eine göttliche Eingebung erkannte dies der Gottesmann Dominikus wahrscheinlich schon im voraus. In einer Vision wurde ihm ein hoher und prächtiger Baum gezeigt, in dessen Zweigen zahlreiche Vögel nisteten. Doch der Baum stürzte um und die Vögel, die auf ihm geruht hatten, flogen davon. Daraus erkannte der vom Geist Gottes erfüllte Mann, daß der Tod des Grafen Montfort, des großen und erhabenen Fürsten, unmittelbar bevorstand" (Libellus, 46). Der wahre Auslöser für die Aussendung der Brüder war damit zwar auch eine Vision, sie hatte jedoch einen höchst *politischen* Inhalt. Dominikus sah den

Tod des Schutzherren der Katholiken im Languedoc voraus. Simon von Montfort hatte Raimund von Toulouse im Jahr 1215 mit kirchlichem Segen aus dessen Grafenamt gedrängt und kontrollierte nun den Süden. Doch Simon saß weniger fest im Sattel, als es den Anschein hatte. Obwohl er im Vergleich zu vielen anderen Kreuzrittern politisch maßvoll agierte, so war den Okzitaniern, Katholiken wie Katharern, die französische Fremdherrschaft doch verhaßt. Sie sehnten sich zurück nach ihrem angestammten Grafengeschlecht. Folgerichtig zog Raimund am 13. November des Jahres 1217 triumphal in Toulouse ein. Bei dem Versuch, ihm die Stadt erneut zu entreißen, sollte Simon am 25. Juni des Jahres 1218 dann wirklich den Tod finden. Dominikus waren bereits vorher Gerüchte über die geplante Rückkehr Raimunds zu Ohren gekommen. Für die Prediger konnte sie nichts Gutes bedeuten, hatten sie doch eng mit Simon und Fulko, der ebenfalls ein Gegner Raimunds war, zusammengearbeitet. Dominikus mußte sich daher nach einer anderen sicheren Basis für seine Ordensgründung umsehen. Paris mit seiner gerade aufblühenden Universität und zahlreichen Studenten aus ganz Europa war der geeignete Platz. Die andere Gruppe sollte in Spanien zunächst wohl nur das Terrain erkunden.

Gemäß Jordans Bericht scheinen die Brüder von dem Entschluß des Dominikus völlig überrascht worden zu sein. „Nach Anrufung des Heiligen Geistes holte er die Brüder zusammen und sagte ihnen, er habe in seinem Herzen beschlossen, sie in die Welt hinaus zu senden, auch wenn sie nur wenige seien. An diesem Ort würden sie nicht länger zusammenwohnen. Da wunderten sich alle, so plötzlich hatte er seinen Entschluß vorgetragen. Aber da sie die Autorität seiner Heiligkeit fühlten, stimmten sie leichter zu, in der Hoffnung, dies alles werde einen guten Ausgang nehmen" (Libellus, 47).

Wahrscheinlich machte den Mitbrüdern aber weniger die Aussendung an sich zu schaffen, als vielmehr ihr früher und plötzlicher Zeitpunkt. Einige Anzeichen sprechen nämlich dafür, daß die Aussendung schon länger geplant war. Zum einen hatte Dominikus von Fulko neben St. Romains noch zwei weitere Kirchen erhalten (Libellus, 43). Er hatte jedoch nie Brüder dorthin geschickt, da sie nach seinem Willen ohnehin nicht in der Diözese bleiben sollten. Denn seit seiner Begegnung mit Innozenz war Dominikus von einer größeren Vision beseelt. Das Predigtwerk konnte sich nicht länger darauf beschränken, Häretiker in einer kleinen und dazu politisch höchst instabilen Region zu bekehren. Einen weiteren Hinweis dafür, daß die Aussendung schon länger beabsichtigt war, gibt Johannes von Navarra. Dominikus habe damals auf Bedenken der Bischöfe von Toulouse und von Narbonne, des Grafen Simon sowie seiner eigenen Brüder geantwortet: „Widersprecht nicht, ich weiß, was ich tue" (Akten Bologna, 26). Dieser Satz deutet darauf hin, daß der Aussendung längere Diskussionen vorausgegangen sein dürften

SIMON TUGWELL, *The evolution of dominican structures of government,* in: AFP 69 (1999) S. 5–60 (Kurztitel = **Tugwell, 1999**).

(Tugwell, 1999, S. 15 f.). Wirklich überraschend kam jedoch der frühe und plötzliche Zeitpunkt. Die Brüder wurden offenbar ohne richtige Vorbereitung und ohne klar definiertes örtliches Ziel ausgesandt. Bei den Prämonstratensern waren Aussendungen von Brüdergruppen nichts ungewöhnliches. Diese Gruppen wußten jedoch bereits genau, wo ihr neues Kloster liegen sollte, zudem war vor Ort alles für eine Gründung vorbereitet (Tugwell, 1999, S. 14). Dominikus dagegen schickte die Brüder mittellos nach Paris. Ihr Auftrag lautete schlicht, dort einen Konvent zu gründen, zu predigen und zu studieren. Um Kontakt zur Universität herzustellen, gab er ihnen wahrscheinlich die Bulle mit, in der Honorius III. um Professoren und Studenten für Toulouse gebeten hatte. Auch wenn diese Idee jetzt nicht ausgeführt werden sollte, so konnte die Bulle doch als eine Art Visitenkarte für die Brüder an der Universität dienen.

Im Januar traf Dominikus wieder in Rom ein. Er informierte Honorius über die vorher wohl kaum abgesprochene Aussendung der Brüder. Nach etwa einem Monat hatte er den Papst von der Richtigkeit des Unternehmens überzeugt. Honorius reagierte äußerst großzügig. In der Bulle vom 11. Februar 1218 empfahl er die „Brüder des Predigerordens" allen Bischöfen und kirchlichen Oberen (Urkundenbuch, 86). Endlich war der weltweite Auftrag des neuen Ordens mit dem offiziellen Namen

„Predigerbrüder" anerkannt. Mit dieser Bulle standen den Brüdern alle Diözesen der Welt offen. Dominikus ließ sich die Bulle sofort durch die päpstliche Kanzlei registrieren. So konnte er später leicht an Kopien des Empfehlungsschreibens kommen, um damit neuen Konventsgründungen den Weg zu ebnen (vgl. Tugwell, 1995, S. 41).

Spanienreise und letzte Jahre in Italien

Ausbreitung und Festigung des Ordens

Bereits Mitte Januar traf Johannes von Navarra in Begleitung eines
weiteren Mitbruders in Rom ein, um zu berichten, wie es der Pariser
Gruppe ergangen war. Die Brüder hatten sich zunächst in ein Haus
in der Nähe des bischöflichen Palais eingemietet und bereits einige
junge Männer für den Orden gewonnen. Dominikus schickte Johannes
und seinen Gefährten daraufhin nicht zurück nach Paris, sondern in
eine andere bedeutende Universitätsstadt, nach Bologna. Dort sollten
sie den Boden für ein zweites Zentrum des Ordens bereiten. Von Paris
und Bologna aus, so glaubte Dominikus, könnte sich der Orden am
schnellsten verbreiten – eine Vision, die schon bald Wirklichkeit werden
sollte. Aber noch mußten dazu einige Weichen gestellt werden. Dominikus bat Honorius, sich für die Brüder in Paris einzusetzen, damit sie
ein eigenes Haus bekämen. Auf einen Brief des Papstes hin stellte die
Universität von Paris den Predigern schließlich ein Gebäude zur Verfügung, denn im August des Jahres 1218 übergab ihnen der Dekan das
Hospiz St. Jacques mit der dazugehörenden Kapelle (vgl. Libellus, 53).
Da St. Jacques bald zu einer Art Mutterhaus in der Region wurde, sollten
die Predigerbrüder in ganz Frankreich jahrhundertelang nach dieser
Kirche benannt werden *(Les Jacobins, Jakobiner)*. Bereits im Jahr 1218
versuchten die Brüder von dort aus ihre erste Gründung in Orleans, die
aber erst im folgenden Jahr erfolgreich war. Um im südlichen Frankreich größere Unabhängigkeit vom politisch unsicheren Toulouse zu
gewinnen, veranlaßte Dominikus im Laufe des Jahres 1218 auch eine
Gründung in Limoges, deren erster Oberer Petrus Seilhan wurde. Aber
auch die Neugründung in Bologna mußte ausgebaut werden. So sandte
Dominikus auch die beiden Brüder, die im März aus Spanien zu ihm
nach Rom gekommen waren und ihm über ihre eher dürftigen Erfolge
berichtet hatten, umgehend nach Bologna. Schon vorher hatte er die
beiden Mitbrüder, die ihn selbst im Winter von Toulouse nach Rom

begleitet hatten, ebenfalls dorthin beordert. Im Ganzen befanden sich nun also sechs Brüder in Bologna.

Dominikus selbst beschloß, nach Spanien zu reisen. Auf dem Weg wollte er auch die Häuser im Languedoc besuchen, um die es nicht zum Besten stand. Bis Ostern blieb er jedoch noch in Rom, wo eine Begegnung stattfand, die für die Zukunft des jungen Ordens entscheidend werden sollte. Wahrscheinlich auf Vermittlung Kardinal Hugolinos machte Dominikus Bekanntschaft mit Reginald, dem Dekan der Kollegiatskirche St. Aignan in Orleans. Reginald (um 1180–1220) hatte bereits eine bedeutende Karriere als Magister des Kirchenrechts in Paris hinter sich und begleitete nun seinen Bischof auf einer Pilgerfahrt ins Heilige Land. Unabhängig von Dominikus war in Reginald die Sehnsucht erwacht, alles zurückzulassen und in Armut ganz der Verkündigung des Wortes Gottes zu leben. Als Reginald in Rom einem Kardinal (wohl Hugolino) davon erzählte, machte ihn dieser auf den neu entstehenden Orden aufmerksam, dessen Gründer sich zufällig gerade in Rom aufhalte. Reginald suchte Dominikus deshalb auf und sprach mit ihm über die Sehnsucht, die ihn bewegte (Ferrandus, 33). Doch plötzlich erkrankte er schwer. „Dominikus kam oft, um ihn zu besuchen und er ermutigte ihn zur Annahme der Armut Christi und zum Eintritt in seinen Orden. Er erreichte von ihm auch die freie und vollständige Zustimmung dazu, ja, Reginald verpflichtete sich sogar durch ein Gelübde" (Libellus, 56). Petrus Ferrandus (34) berichtet, Dominikus habe in der Folge inständig für die Gesundung Reginalds gebetet. Jordan fährt fort: „Er wurde also von seiner schweren Erkrankung und aus fast hoffnungsloser Lebensgefahr befreit, jedoch nicht ohne die Kraft eines göttlichen Wunders. Denn in der Glut seines Fiebers kam die Himmelskönigin, die Mutter der Barmherzigkeit, die Jungfrau Maria in sichtbarer Gestalt zu ihm und salbte seine Augen, seine Nase, seine Ohren, den Mund, die Lenden, die Hände und die Füße mit einem heilsamen Balsam, den sie mit sich führte. Dabei sprach sie: Ich salbe deine Füße mit heiligem Öl zur Bereitschaft für das Evangelium des Friedens. Außerdem zeigte sie ihm den ganzen Habit des Ordens. Da wurde er sofort gesund und so plötzlich an seinem ganzen Körper wiederhergestellt, daß sich die Ärzte, die kaum mehr an eine Genesung geglaubt hatten, über die Anzeichen seiner Gesundheit wunderten" (Libellus, 57). Dominikus gestattete Reginald zunächst noch die Reise ins Heilige Land. Nach seiner Rückkehr sollte er sich jedoch unverzüglich den Brüdern in Bologna zugesellen und ihnen als sein persönlicher Stellvertreter (Vikar) vorstehen. Dominikus selbst brach Ende April nach Spanien auf und traf im Mai in Bologna ein. Er blieb nur kurz und nahm Johannes von Navarra und mindestens einen weiteren Bruder auf die Reise mit (zur folgenden Chronologie vgl. Tugwell, 1995, S. 144 f.). In Narbonne versuchte er, möglicherweise mit Hilfe zweier Brüder aus Toulouse, ein Haus zu gründen. Dann setzte er mit Johannes und Petrus Seilhan seinen Weg nach Katalonien fort, wo er im Sommer eintraf. Dort hörte er auch vom Tod des Grafen Simon de Montfort vor Toulouse. Deshalb schickte er seine beiden Begleiter nach Paris. Von dort aus sollten sie die bereits angesprochene Gründung in Limoges vorbereiten. Dominikus selbst gründete zuerst in Madrid, das damals noch eine unbedeutende Stadt war, sein drittes Schwesternkloster. An diese Gemeinschaft ist auch sein einziger uns erhaltener Brief gerichtet (s. Seite 10 f.). Wie schon in Prouille und Toulouse gab er den Schwestern eine kleine Gruppe von Seelsorgern bei. Danach begab er sich nach Segovia, das er um Weihnachten erreichte. Er scheint dort einige Wochen geblieben zu sein, denn er gewann in dieser Stadt eine große Anhängerschaft. So konnte er dort den ersten Brüderkonvent in seiner Heimat gründen. Leider sind wir über Dominikus' Spanienreise nicht sehr gut unterrichtet. Wir wissen zum Beispiel nicht, ob er sein Heimatdorf Caleruega, seine ehemaligen Mitbrüder in Osma oder seinen alten Studienort Palencia besucht hat. Von einem zweiten Gründungsversuch in Guadalajara berichtet uns lediglich Petrus Ferrandus (40). Dieser scheint gründlich mißlungen zu sein und hat deshalb kaum Spuren in der Ordensgeschichte hinterlassen. In dieser Stadt seien ihm von den neu Eingetretenen außer dreien alle nach kurzer Zeit wieder davongelaufen. Dominikus habe dies vorausgesehen, denn in einer Vision sei ein großer Drache erschienen, der die gerade Eingetretenen verschlang. Ferrandus schließt die Erzählung mit dem Hinweis, daß später alle entlaufenen Mitbrüder auf das Gebet des Heiligen wieder zurückgekehrt seien. Aber auch diese Bemerkung kann nicht darüber hinwegtäuschen, daß selbst Dominikus mitunter harte Rückschläge einstecken mußte.

Nach der erfolgreich abgeschlossenen Konventsgründung in Segovia brach Dominikus wieder nach Südfrankreich auf. Er besuchte die Brüder in Toulouse, möglicherweise auch das Kloster Prouille. Toulouse mußte er bald wieder verlassen, um nicht durch eine erneute Belagerung der Stadt für lange Zeit dort eingeschlossen zu werden. Er machte sich nun erstmals auf den Weg nach Paris. Gerhard von Frachet berichtet uns, daß er sich auf der Reise dorthin zusammen mit Bruder Bernard einer deutschen Pilgergruppe anschloß. Die Pilger bewirteten sie jeden Abend reichlich, was Dominikus zunehmend ein schlechtes Gewissen bereitete. Die Deutschen verhielten sich so großzügig, doch er konnte ihnen zum Dank nicht einmal das Wort Gottes verkünden, weil er ihrer Sprache nicht mächtig war. Deshalb forderte er Bernard eines Tages auf, den Herrn gemeinsam um das Beherrschen der deutschen Sprache zu bitten. Das Gebet wurde sofort erhört und zum Erstaunen der Pilger sprachen und verstanden die beiden plötzlich deutsch. Als sie sich von den Pilgern wieder trennten, schärfte Dominikus seinem Mitbruder ein, diese Begebenheit bis zu seinem Tod niemandem zu erzählen. „Denn die Brüder könnten uns für Heilige halten, obwohl wir Sünder sind" (Leben der Brüder, II, 10). Im Juli des Jahres 1219 erreichten Dominikus und Bernard Paris. Die Gemeinschaft zählte nun schon etwa dreißig Brüder, und Dominikus konnte im Großen und Ganzen zufrieden sein. Das schon erwähnte Hospiz, in dem sie wohnten, sollte zwar erst im Mai des Jahres 1221 in ihr Eigentum übergehen (Urkundenbuch, 160), trotzdem konnten sie jetzt schon ungestört ein klösterliches Leben darin entfalten. Überdies war es den Brüdern gelungen, einen ersten Kontakt zur Universität herzustellen. Es existierte auch ein kleiner Kreis von Studenten, die regelmäßig zu geistlichen Gesprächen kamen. Dennoch gab es eine Entwicklung in Paris, die Dominikus mißfiel. Sie hatte sich schon bei der Aussendung der für Paris bestimmten Brüder abgezeichnet. Denn von Johannes von

Navarra wird berichtet, er habe sich gegenüber Dominikus geweigert, ohne Geld nach Paris aufzubrechen. Trotz guten Zuredens hatte ihn Dominikus nicht dazu bringen können, dem Ideal der Wanderpredigt in Armut treu zu bleiben und ihm schließlich einige Münzen ausgehändigt (Salagnac-Guy,

STEPHANUS DE SALANIACO *et* BERNARDUS GUIDONIS *De quattuor inquibus Deus Praedicatorum Ordinem insignivit* (MOPH XXIII), Rom 1949 (Kurztitel = **Salagnac-Guy**).

III, 7, 8). In Paris wurde dieses Ideal erneut in Frage gestellt. Die dortigen Brüder verstanden sich jetzt als Chorherren von St. Jakob. Als solche waren sie gewissen sozialen Standards verpflichtet. Nach kirchlichem Gesetz war ihnen beispielsweise das Betteln verboten, sie mußten also Geld mit auf ihre Reisen nehmen. Auch das Reiten war für Chorherren durchaus angemessen. Pferde zu unterhalten, setzte wiederum ein gewisses Vermögen voraus. Ein solches hatten die im Umgang mit Geld offenbar nicht ungeschickten Pariser Brüder mittlerweile erworben. Dominikus protestierte gegen diese Entwicklung. Mit demselben Problem hatte Dominikus auch im Languedoc zu kämpfen (Akten Bologna, 26). Dort hatte er zudem die Erfahrung machen müssen, wie zeitraubend und mühsam die Sorge um irdische Güter sein konnte. So war es in der Diözese Toulouse zum Streit darüber gekommen, wie viel Geld den Brüdern aus dem Zehnten wirklich zustand. Viele Jahre zog sich nun auch schon die Auseinandersetzung um eine Kirchenpfründe hin, die der Erzbischof von Narbonne dem Kloster von Prouille überlassen hatte. Dominikus verzichtete schließlich um des lieben Friedens willen auf die Pfründe.

In der Armutsfrage fehlte Dominikus zwar die extreme Haltung eines Franziskus, der sogar Klostergebäude und Vorratshaltung von Lebensmitteln ablehnte. Armut war für Dominikus kein spiritueller Wert an sich. Trotzdem stellte sie für ihn ein unerläßliches Mittel zum Zweck dar. Sie sollte seinen Predigern ein hohes Maß an Flexibilität sichern und dazu Glaubwürdigkeit bei den Menschen verschaffen. Allem Anschein nach konnte Dominikus die Pariser Brüder jedoch nicht von seiner Position überzeugen.

Während des etwa zweiwöchigen Aufenthalts in Paris machte Dominikus auch Bekanntschaft mit einem deutschen Magister der *Artes liberales*. Ob Dominikus damals schon ahnte, daß er seinem zukünftigen Nachfolger gegenüberstand? Offenbar drängte er Jordan von Sachsen keineswegs, in seinen Orden einzutreten. Er nahm ihm lediglich die Beichte ab und riet ihm, sich zum Diakon weihen zu lassen (Libellus, 3).

Als Dominikus im August wieder in Bologna eintraf, fand er Erstaunliches vor. Sein Vikar Reginald hatte nicht nur den Standort der Gemeinschaft an einen besseren Platz verlegt und neben der Kirche St. Nikolaus bereits mit dem Bau eines großen Klosters begonnen. Durch seine feurigen und zugleich gelehrten Predigten hatte er auch zahlreiche Studenten, ja selbst Professoren für den Orden gewonnen. Dominikus blieb diesmal länger in Bologna. Während dieses Aufenthalts könnte sich auch das Brotwunder zugetragen haben, von dem Bruder Buonvisu im Prozeß zur Heiligsprechung berichtet. „Ich war Prokurator im Konvent von Bologna, als ich an einem Fasttag den Tischdienst im Refektorium versah und feststellte, daß kein Brot vorhanden war. Da machte Bruder Dominikus das Kreuzzeichen, damit den Brüdern ihr Brot vorgesetzt werde. Ich sagte ihm, daß wir kein Brot hätten. Da erhob Bruder Dominikus mit freudigem Gesicht die Hände, lobte den Herrn und sprach den Segen. Und plötzlich traten zwei (Männer) ein, die zwei Körbe trugen. Einer war mit Broten gefüllt, der andere mit getrockneten Feigen, so daß die Brüder überreich zu essen hatten" (Akten Bologna, 22). Ein ähnliches Ereignis trug sich später noch einmal im Konvent von Rom zu, mit dem Unterschied, daß dort ausdrücklich Engel das Brot gebracht haben sollen (Cäcilia, 3), während es Buonvisu letztlich offenläßt, wer die beiden Überbringer der Körbe seiner Meinung nach waren. In jedem Fall spiegelt seine Erzählung gut wider, wie drückend die Armut der ersten Brüder, aber auch wie groß das Gottvertrauen ihres Vaters Dominikus in jener Zeit war. Gerade in Bologna dürfte es schwierig gewesen sein, die durch Reginalds erfolgreiche Predigttätigkeit ständig wachsende Zahl von Brüdern zu ernähren. Reginalds Worte erzeugten im universitären Bereich eine Sogwirkung. Scharen von Studenten und Professoren strömten herbei, um ihn zu hören, und nicht wenige traten am Ende der Predigt spontan in den Orden ein. Gerhard von Frachet berichtet von der Stimmung, die damals an der Universität von Bologna herrschte: „Als Bruder Reginald seligen Angedenkens, einst Dekan von Orleans, in Bologna feurig predigte und viele bedeutende Kleriker und Magister anzog, begann sich Magister Moneta, der damals die freien Künste lehrte und in der ganzen Lombardei berühmt war, sehr zu fürchten. Denn da er sah, welche bedeutenden Leute in den Orden eintraten, bekam er große Angst, daß auch er von Reginalds Predigt ergriffen werde. Daher ging er ihm so gut er konnte aus dem Weg und warnte alle seine Schüler in Wort und Beispiel vor seinen Predigten. Doch am Fest des hl. Stephanus, als ihn seine Studenten zur Predigt mitnehmen wollten und er sich weder mit Vorlesungen noch mit sonst etwas entschuldigen konnte, sagte er ihnen: ‚Gehen wir zuerst nach Sankt Proculus, um dort die Messe zu hören.‘ Sie gingen also hin und hörten nicht nur eine Messe, sondern drei hintereinander. Da sie weiter drängten, sagte er: ‚Gehen wir nun zur Predigt.‘ Aber als er ankam, fand er Reginald noch immer bei der Predigt und die Kirche so voll, daß er nicht eintreten konnte. Daher blieb er vor der Kirche stehen und hörte aufmerksam zu. Schon das erste Wort schlug ihn in Bann. Es lautete: ‚Siehe, ich sehe die Himmel offen. Siehe‘, sagte er, ‚jetzt, in diesem Augenblick sind die Himmel geöffnet, um einzutreten. Die elenden Gleichgültigen, die Gott ihr Herz, ihren Mund und ihre Hand verschließen, sollen es sehen und Furcht soll sie ergreifen, damit Gott ihnen nicht das Himmelreich verschließe, so daß sie nicht eintreten können. Was also zögert ihr, meine Lieben? Siehe, die Himmel sind offen.‘ Als die Predigt zu Ende war, kam der genannte Magister, vom Wort Gottes getroffen, zu Reginald. Und indem er ihm seinen Stand und seinen Beruf mitteilte, legte er in Reginalds Hände Profeß ab" (Leben der Brüder, IV, 10, 1). Der berühmte Magister Moneta von Cremona, der sich so sehr gegen den Eintritt bei den Predigern gewehrt hatte, sollte Reginald in der Folgezeit eine ganze Schar junger Leute zuführen.

Doch Ende August versetzte Dominikus Reginald nach Paris. Laut Jordan waren die Brüder in Bologna darüber sehr erschüttert, selbst Tränen seien geflossen (Libellus, 61). Äußerst ungern wollten sie sich von dem Mann trennen, der sie gerade erst für das Ordensleben gewonnen hatte. Die Gründe für die Versetzung lagen auf der Hand. Durch Reginalds Predigttätigkeit hatte Bologna Paris längst überflügelt. Reginald sollte jetzt in Paris ein ähnliches Wunder vollbringen. Außerdem hoffte Dominikus, daß dem Franzosen Reginald in Paris gelingen möge, woran er selbst gescheitert war, nämlich die dortigen Brüder von der Notwendigkeit der Bettelarmut zu überzeugen. Beide Erwartungen wurden erfüllt. Schon kurz nach Reginalds Ankunft in St. Jacques verzichteten die Brüder auf ihre Besitzungen. In Paris lösten seine Predigten zwar keine Eintrittswelle wie in Bologna aus. Doch er gewann Jordan, dessen Freund Heinrich und einen weiteren Deutschen namens Leo für den Orden. Reginald war kein langes Wirken in Paris vergönnt. Am 1. Februar des Jahres 1220 verstarb er plötzlich. „So ging er ein in den Reichtum des Hauses des Herrn – er, der sich zu Lebzeiten als entschlossener Liebhaber der Armut und Einfachheit erwiesen hatte" (Libellus, 63).

Wie bereits erwähnt, war es Reginald gewesen, der für die junge Gemeinschaft in Bologna die Kirche St. Nikolaus und das daran angrenzende Grundstück erworben hatte. Der Schenkung der Kirche und dem Kauf des Grundstücks, die am 14. März 1219 erfolgten, war jedoch ein zähes Ringen vorausgegangen. Denn obwohl der Priester von St. Nikolaus, Rudolf von Faenza, selbst in den Orden eingetreten war und den Predigerbrüdern die Kirche gerne überlassen hätte, so war der „Patron", das heißt der Besitzer und Schirmherr der Kirche, zunächst doch dagegen. Erst der Enkelin des Patrons, Diana von Andalò, die von Reginalds Predigten ebenso begeistert war wie die bologneser Studenten, war es gelungen, ihn von der Richtigkeit der Schenkung und des Verkaufs zu überzeugen. Diana suchte in der Folgezeit immer mehr die Nähe der Brüder. „Als dann der selige Dominikus (im August desselben Jahres) nach Bologna kam, liebte sie ihn mit ganzer Seele und begann mit ihm über ihr Heil zu sprechen. Kurze Zeit darauf legte sie vor dem Altar von St. Nikolaus in seine Hände Profeß ab" (Chronik von St. Agnes,

Cronaca del Monastero di St. Agnese in Bologna, in: Il Monastero domenicano di S. Agnese in Bologna, hrsg. von M. Giovanna Cambria, Bologna 1973 (Kurztitel = **Chronik von St. Agnes**), hier 40–44, zitiert nach: Koudelka, S. 195–198.

40–44; nach Koudelka, S. 195 f.). Diana hatte mit ihrer Profeß etwas sehr
Ungewöhnliches getan, denn sie hatte sich zum Eintritt in ein Kloster
verpflichtet, das noch nicht einmal in Ansätzen existierte. Wahrscheinlich verstand sie ihre Profeß daher zugleich als Versprechen, ein Kloster
für Nonnen des Predigerordens errichten zu lassen.

Dominikus konnte im Herbst 1219 auf zwei äußerst erfolgreiche Jahre
zurückblicken. Die Schar seiner Brüder war in Bologna so sehr ange-
wachsen, daß allein in den Monaten August bis Oktober des Jahres 1219
von Bologna aus Brüdergruppen nach Bergamo, Verona und Mailand
geschickt werden konnten, um dort weitere Niederlassungen zu gründen.
Die Aussendung der Brüder im August des Jahres 1217 hatte sich als richtig
erwiesen. Jordans Worte spiegeln noch das Erstaunen wider, das die Menschen damals ergriffen haben muß. „Zuerst hatte er nur wenige Brüder,
die meisten von ihnen waren einfach und von nur geringer Bildung.
Diese teilte er auf und sandte sie aus in die verstreut liegenden Kirchen.
So schien er in den Augen der Kinder dieser Welt, die nach ihrer eigenen Klugheit urteilen, eher das eben Begonnene zu zerstören, als etwas
Großes aufzubauen. Doch er unterstützte die Ausgesandten mit seinem
fürbittenden Gebet und durch die Kraft Gottes mehrte sich ihre Zahl"
(Libellus, 62). Die Idee des verstorbenen Papstes Innozenz III. von einem
weltweiten Predigerorden war im Begriff Wirklichkeit zu werden.

Aber noch stand viel Arbeit bevor. Dominikus, der kein naiver Träumer
war, wußte genau, daß der junge Orden ohne klare rechtliche Strukturen
bald an die Grenzen seines Wachstums stoßen würde. Außerdem könnte
nur eine gemeinsame Gesetzgebung den inneren Zusammenhalt des
Ordens sichern. Denn die Konvente lagen weit voneinander entfernt und
unterhielten kaum Kontakte miteinander. Ihr einziger gemeinsamer
Bezugspunkt war Dominikus, der sie selbst gegründet oder ihre Gründung in Auftrag gegeben hatte. Dominikus plante deshalb schon länger
ein Treffen von Abgesandten aller Konvente. Auf diesem ersten Generalkapitel (Mai 1220) sollten sich die Brüder selbst die nötigen inneren
Strukturen des Ordens erarbeiten.

Sehnsucht nach Mission und Martyrium

Inzwischen war die Zweijahresfrist, die Dominikus mit Wilhelm von Monferrato Anfang des Jahres 1217 vereinbart hatte, längst abgelaufen. Dominikus hatte damals geglaubt, er würde seinen Orden binnen zweier Jahre so weit gefestigt haben, um selbst entbehrlich zu sein. Zusammen mit Wilhelm hatte er davon geträumt, dann in den Norden zu gehen und an der Missionierung der heidnischen Pruzzen (Preußen) mitzuwirken (Akten Bologna, 12). Das Interesse an diesem baltischen Volk war wahrscheinlich während eines Aufenthaltes an der römischen Kurie in Dominikus erwacht. So könnte er bereits im Jahr 1215 Zeuge der Weihe eines Bischofs geworden sein, der für die Mission bei den Preußen bestimmt war. Auch ein polnischer Fürst, der an der Preußenbekehrung beteiligt war und im Jahre 1217 in Rom weilte, könnte ihn auf dieses Volk aufmerksam gemacht haben (Tugwell, 1998, S. 64). Doch schon im Laufe des Jahres 1218 bemerkte Dominikus, daß an ein baldiges Verlassen seiner Brüder nicht zu denken war und gab den Traum von der Preußenmission vorerst auf. Während seines Aufenthalts in Bologna scheint seine Sehnsucht, in die Mission zu gehen, aber erneut in ihm aufgebrochen zu sein. Immer wieder sprach Dominikus mit seinen Mitbrüdern darüber, daß er sie, wohl nach dem Generalkapitel des Jahres 1220, verlassen und als Missionar zu den Kumanen gehen wolle (Akten Bologna, 43). Wahrscheinlich hatte ihm der damals in Bologna weilende Mitbruder Paul von Ungarn neuerlich von den Kumanen erzählt. Da Bischof Diego schon im Jahre 1205 zu diesem Volk im Osten aufbrechen wollte, wird immer wieder behauptet, Dominikus sei seit dieser Zeit nicht mehr von der Idee der Kumanenmission losgekommen. Dieser angebliche Lebenstraum des Dominikus ist von den frühen Quellen jedoch nicht belegt. Simon Tugwell spricht daher auch vom „Kumanen-Mythos" in der dominikanischen Geschichtsschreibung (Tugwell, 1998, S. 33). Zwar entspricht es der Wahrheit, daß Dominikus Zeit seines Lebens die Sehnsucht hatte, in die Heidenmission zu gehen. Das beweist die Tatsache, daß er sich mehrmals einen Bart wachsen ließ (Ferrandus, 32;

Cäcilia, 15), da der Vollbart bei den im allgemeinen glattrasierten Klerikern des Mittelalters als ein äußeres Merkmal der Missionare galt. Dominikus hatte jedoch keinen einheitlichen, sein ganzes Leben lang gleich bleibenden Traum, zu einem bestimmten heidnischen Volk zu gehen. Die Länder, in die er aufbrechen wollte, änderten sich ständig. Im Jahr 1217 plante er zuerst eine Mission bei den Sarazenen (Ferrandus, 32), dann bei den Preußen. Im Jahr 1219 wollte er zu den Kumanen und zuletzt 1221 zu den Nordbalten gehen. Stets wurde er jedoch von äußeren Umständen und neuen Aufgaben, die man an ihn herantrug, von der Verwirklichung seiner großen Sehnsucht abgehalten. Doch nicht nur der Mission als solcher galt sein Verlangen. Dominikus ersehnte letztlich das Martyrium. Wie der Gekreuzigte sein Blut zur Errettung der Menschheit vergossen hatte, so wollte auch Dominikus in seinem Eifer für die Seelen bis zum Äußersten gehen. Erst im Martyrium würde er als wahrer Apostel seinem Meister gleich, im vollendeten Zeugnis für Gottes Liebe. Dieses Verlangen nach dem Martyrium könnte Dominikus bereits zur Übernahme der gefährlichen Mission im Languedoc bewogen haben (Tugwell, 1998, S. 84).

Die Reform der römischen Nonnen und Dianas Gründung in Bologna

Ende Oktober des Jahres 1219 brach Dominikus von Bologna aus nach Viterbo, der Residenz des Papstes, auf. Er brauchte von Honorius weitere Kopien der Empfehlungsbulle vom 11. Februar des Jahres 1218, die bei der Gründung neuer Konvente Verwendung finden sollten. Außerdem wollte er sich mit dem Papst über das kommende erste Generalkapitel des Ordens beraten. Die päpstliche Kanzlei stellte die erwünschten Kopien umgehend aus, doch der Papst hielt auch eine Überraschung für Dominikus bereit. Schon sein Vorgänger Innozenz hatte sich um eine Reform der zahlreichen römischen Nonnenklöster bemüht, in denen es mit der Ordensdisziplin nicht zum besten stand. Innozenz' Plan sah vor, alle zur Reform bereiten Nonnen in ein neu zu errichtendes Kloster bei der Kirche San Sisto zu bringen. Unter der Anleitung der *Gilbertiner,* die in der Schwesternseelsorge besonders erfahren waren, sollte dort ein Neuanfang gewagt werden.

Die **Gilbertiner,** benannt nach ihrem 1189 verstorbenen Gründer Gilbert von Sempringham, waren ein bis zu seiner Auflösung im Jahr 1538/39 nur in England verbreiteter Kanonikerorden. Gilbert hatte ihn zur seelsorglichen Betreuung der von ihm gegründeten Nonnenklöster (Gilbertinerinnen) ins Leben gerufen.

Auch Papst Honorius wollte dieses Projekt durchgeführt sehen. Doch bis jetzt war nichts geschehen, da die vier versprochenen Brüder aus dem Gilbertinerorden niemals in Rom eingetroffen waren. Als die Engländer im November des Jahres 1219 signalisierten, daß sie ihre Zusage nicht einhalten könnten, wandte sich Honorius hilfesuchend an Dominikus. Auch dieser hatte sich durch die Gründungen in Prouille, Toulouse und Madrid im Umgang mit frommen Frauen bewährt. Dominikus sagte zu, obwohl dieser Dienst seine persönlichen Pläne für die Zukunft durchkreuzte. Wie sich bald zeigen sollte, hatte er damit eine äußerst schwierige Aufgabe übernommen, die er jedoch mit der ihm eigenen Zähigkeit erfolgreich zu Ende führte. In einem ersten Schritt ließ er einige Brüder aus Bologna kommen. Er selbst begab sich von Viterbo aus nach Rom, wo er bis zum Eintreffen der Brüder die Lage in den verschiedenen Nonnenklöstern sondieren wollte. Auf Bereitschaft zur Reform traf er jedoch nur bei den Schwestern von Santa Bibiana, von denen etwa die Hälfte mit einem Umzug nach San Sisto einverstanden war. Zustimmung fand Dominikus auch bei seinen alten Bekannten von Santa Maria in Tempulo, die er bereits vor seiner Spanienreise häufig besucht hatte. Bis auf eine Schwester wollte sich der ganze Konvent an der Reform beteiligen. Dominikus nahm nun allen reformbereiten Nonnen das feierliche Versprechen ab, ihm nach Fertigstellung des neuen Klosters nach San Sisto zu folgen, wo sich schon im Dezember eine kleine Brüdergemeinschaft formiert hatte. Deren Aufgabe sollte allein die Seelsorge für die Schwestern sein, denn Dominikus beabsichtigte keineswegs die Gründung eines richtigen Brüderkonvents. Rom war eine von Unruhen erschütterte Stadt und hatte nicht annähernd die Bedeutung von Paris oder Bologna. Selbst der Papst und die Kurie hielten sich häufig nicht in Rom auf.

Kaum war Dominikus nach mehreren beschwerlichen Reisen im Frühjahr des Jahres 1220 nach Bologna zurückgekehrt, stand die nächste
Gründung eines Schwesternklosters auf dem Programm. Die forsche
Diana d'Andalò drängte auf Umsetzung ihres Versprechens und suchte
ihn wieder auf. „Frau Diana hatte indessen ihre Gelübde nicht vergessen
und begann mit Dominikus ein Gespräch darüber, wie sie es verwirklichen könnte. Eines Tages versammelte Dominikus seine Brüder und
bat sie um ihre Zustimmung für den Bau eines Hauses für die Frauen,
das dem Orden angehören und nach ihm benannt sein sollte". Nachdem
sich jeder dazu geäußert hatte, zog sich Dominikus zum Gebet zurück.
Am nächsten Tag eröffnete er seinen Mitbrüdern: „Brüder, wir müssen
auf alle Fälle dieses Haus für die Frauen bauen, selbst wenn wir auf die
Arbeiten für unser eigenes verzichten müssen" (Chronik von St. Agnes,
zitiert aus: Koudelka, S. 196). Daraufhin wurde eine Kommission von
vier Brüdern gebildet, die sich der Sache annehmen sollte. Vorerst wurde
jedoch nichts aus dem Unternehmen. Überdies stieß Diana bei ihrer
Familie auf erbitterten Widerstand gegen ihr Projekt.

Im Mai 1220 fand schließlich das erste Generalkapitel des Ordens in Bologna statt. Auch der erst wenige Monate zuvor in den Orden aufgenom-
mene Jordan erschien mit drei weiteren Delegierten des Pariser Konvents.
Dominikus bat die Brüder zu Beginn des Kapitels, seinen Rücktritt als
Ordensmeister anzunehmen, doch sie bestätigten ihn durch eine Wahl
in seinem Amt. Das Generalkapitel, auf dem auch die ersten Konstitutionen des Ordens erarbeitet wurden, traf noch eine Reihe weiterer
wichtiger Entscheidungen. So wurde zum Beispiel vereinbart, daß die
Generalkapitel von nun an jährlich abwechselnd in Bologna und Paris
gehalten werden sollten. Im kommenden Jahr sollte es aber noch einmal
in Bologna stattfinden. Kurz nach dem Generalkapitel brach Dominikus
in einer ganz bestimmten Mission nach Mailand auf, das er am 11. Juni
erreichte.

Diana d'Andalò hatte indessen im Haus ihres Vaters begonnen, ein Leben
des Gebets und der strengen Buße zu führen. Noch immer war sie zur
Erfüllung ihres Versprechens fest entschlossen. Als die von Dominikus

eingesetzte Kommission von vier Brüdern endlich einen Platz zur Errichtung des Nonnenklosters gefunden hatte, floh Diana am Fest der hl. Magdalena (22. Juli) ohne Wissen ihrer Eltern in das Kloster Ronzano und bat bei den dortigen Nonnen um den Schleier. Offenbar wollte sie in Ronzano bis zur Fertigstellung „ihres" Dominikanerinnenklosters warten. Doch ihre Verwandten fanden sich mit dieser Flucht keineswegs ab und holten Diana mit solcher Gewaltanwendung aus dem Kloster Ronzano, daß sie sich dabei eine Rippe brach. Diana lag von da an etwa ein Jahr krank zu Hause und wurde von ihren Eltern streng von der Außenwelt abgeschirmt. Doch Dominikus, der zur Zeit ihrer Flucht bereits wieder in Bologna weilte, schickte ihr heimlich Briefe. Da inzwischen auch der Bischof von Bologna die Gründung des neuen Nonnenklosters untersagte, weil ihm das dafür vorgesehene Grundstück zu nah an der Stadt lag, blieb Dianas Traum einstweilen unerfüllt.

Nach diesen turbulenten Ereignissen unternahm Dominikus eine weitere, diesmal längere Reise durch die Lombardei (September bis November). Gleich im Anschluß daran brach er wieder nach Rom auf, um die Reform der Nonnen in San Sisto zu vollenden. Im Januar traf er in Rom ein, wo ihm Honorius die in seinem Familienbesitz befindliche alte römische Basilika Santa Sabina als Niederlassung für die Brüder übergab. Dominikus versetzte daraufhin fast alle Brüder von San Sisto dorthin, so daß nun auch die Ewige Stadt einen richtigen Predigerkonvent besaß. Bald sollten die Brüder in Santa Sabina so zahlreich werden, daß sie selbst eine Gründung in Siena unternehmen konnten. Das Reformprojekt San Sisto hatte sich dagegen gar nicht gut entwickelt. Während Dominikus' Abwesenheit aus Rom hatten sich die Schwestern von S. Maria in Tempulo durch ihre Verwandten von den Reformplänen abbringen lassen. Die Verwandten bezeichneten Dominikus als einen „dahergelaufenen Spitzbuben" *(ribaldus ignotus),* dem die Nonnen auf keinen Fall ihr Schicksal anvertrauen sollten. Dominikus konnte die Schwestern jedoch erneut von der Richtigkeit der Reform überzeugen. Er ging dabei auch auf eine Bedingung der Schwestern ein. Sollte ihre berühmte Marien-Ikone nach dem Umzug von alleine wieder in ihr altes Kloster zurückkehren, so seien die Schwestern von allen ihren Gelübden, die sie Dominikus gegenüber geleistet hatten, entbunden. Nach dieser Vereinbarung ließ Dominikus sie ein feierliches Gehorsamsversprechen in seine Hände ablegen. Außerdem führte er sofort die strenge Klausur wieder ein, um die Schwestern vor weiteren Einflüsterungen ihrer Verwandten zu bewahren (Cäcilia, 14). Am 28. Februar des Jahres 1221 konnten sie schließlich in feierlicher Prozession ihre Ikone nach San Sisto begleiten. Und Maria blieb in San Sisto.

Unterwegs

Im Gegensatz zu der langen Zeit, die Dominikus in Spanien und Südfrankreich verbracht hat und von der wir nur spärliche Nachrichten besitzen, sind wir über die wenigen Jahre seines Aufenthalts in Italien bestens unterrichtet. Jordan überliefert zwar kaum etwas über Dominikus' italienische Jahre, da er selbst zu dieser Zeit in Paris weilte. Dafür bieten jetzt andere Quellen wie die Chronik von St. Agnes oder die Wundergeschichten der Schwester Cäcilia wertvolle Einzelinformationen. Ferner kommen in den Prozeßakten zur Heiligsprechung überwiegend Mitbrüder des Dominikus zu Wort, die aus seiner Zeit in Bologna berichten. Zusammen mit den zahlreichen Bullen, Empfehlungsschreiben und anderen Schriftstücken, die sich Dominikus in den Jahren 1219–1221 von der Kurie erbat, läßt sich ein sehr präzises Bild jener Jahre rekonstruieren. So können alle Reisewege des Dominikus nahezu vollständig nachgezeichnet werden. Auch die Dauer seiner Aufenthalte in den einzelnen Städten läßt sich mit großer Genauigkeit angeben.

Dominikus entfaltete in diesen wenigen Jahren eine rastlose Tätigkeit. Immer wieder brach er von Oberitalien, seinem Hauptwirkungsgebiet, zur päpstlichen Kurie nach Mittelitalien auf. Da sich der Papst oft in Viterbo aufhielt, Dominikus aber auch in Rom Aufgaben zu erfüllen hatte, mußte er häufig zwischen diesen beiden Städten hin- und herpendeln. Dies bedeutete zusätzliche mehrtägige Fußmärsche. Dominikus erkrankte mehrere Male auf oder nach diesen anstrengenden Reisen.

Zunehmend dürften ihn die vielfältigen Aufgaben, die ihm vom Papst übertragen wurden, sowie seine Bemühungen um Ausbreitung und Festigung des Ordens erschöpft haben.

Angesichts der vielen Unternehmungen, die Dominikus in den Jahren 1219–1221 durchführte, ist es schwer, den Überblick zu bewahren und in der Darstellung eine Auswahl zu treffen. Sein zentrales Interesse galt in jener Zeit aber der Ausstellung von Bullen durch die päpstliche Kanzlei sowie der Organisation und Durchführung der beiden ersten Generalkapitel (Mai 1220 und Juni 1221). Die Schriftstücke, die er aus der päpstlichen Kanzlei erhielt, zeigen auf eindrucksvolle Weise, wie klug und überlegt Dominikus am Ausbau des Ordens arbeitete. Dieses durchdachte Vorgehen schloß jedoch seine alte Vorliebe für abenteuerliche Missionen keineswegs aus, denn Dominikus ergriff jede Gelegenheit zur Ausbreitung des Ordens in neue Gebiete. So schickte er wahrscheinlich im Dezember des Jahres 1219 einen Kleriker aus Kärnten, den er in Rom oder Viterbo getroffen hatte, alleine ins österreichische Friesach, um dort einen Konvent zu gründen. Die Anfangsjahre dieses Hauses verliefen zwar gelinde gesagt chaotisch. Trotzdem war die Gründung nach einiger Zeit gefestigt und gilt bis heute als älteste Niederlassung des Ordens auf deutschsprachigem Boden (Tugwell, 1996, S. 26 f.). Ähnlich abenteuerlich verlief die Mission zweier skandinavischer Brüder, die im Mai des Jahres 1220 nach Schweden ausgesandt wurden und deren Gründung erst im zweiten Anlauf gelang (Tugwell, 1996, S. 20 f.). Anfang des Jahres 1221 wandte Dominikus den Blick erneut nach Spanien und sandte seinen Namensvetter, der sich schon im Languedoc als wertvoller Mitarbeiter erwiesen hatte, mit einer eigens für ihn ausgestellten Bulle dorthin (Urkundenbuch, 140). Auch er sollte einen neuen Konvent errichten. Neben solchen Missionen sorgte sich Dominikus um weitere Gründungen in den Städten Oberitaliens. Abgesehen von den bereits erwähnten schickte er zum Beispiel Brüder nach Piacenza (Frühjahr 1220), Brescia (Juli 1220) und Venedig (Juli 1221). An den meisten dieser Gründungen

> SIMON TUGWELL, *Notes on the life of St Dominic*, in: AFP 66 (1996) S. 5–154 (Kurztitel = **Tugwell, 1996**).

war Dominikus persönlich nicht beteiligt, auch wenn die Chroniken der
jeweiligen Konvente dies aus Prestigegründen gerne behaupteten. Stattdessen vertraute er der Eigenverantwortung und den Begabungen seiner
Mitbrüder. Zudem wäre es ihm rein zeitlich gar nicht möglich gewesen,
alle diese Städte zu besuchen. Zu zahlreich waren seine übrigen Reisen,
die er nicht nur nach Viterbo und Rom, sondern auch durch Oberitalien
unternahm. Die erste davon führte ihn wahrscheinlich im Januar des
Jahres 1220 von Rom nach Florenz, wo er in der Stadt predigte und die
Gemeinschaft der Brüder besuchte. Im Mai desselben Jahres erreichte
Dominikus in einem besonderen, ihm vom Papst anvertrauten Auftrag
Mailand. Die Umstände dieser Mission werfen auch die Frage nach seiner
Predigttätigkeit in Italien auf. Honorius hatte Dominikus am 12. Mai
des Jahres 1220 in Viterbo eine bemerkenswerte Bulle ausstellen lassen
(Urkundenbuch, 123). In ihr wurden sechs Ordensleute verschiedener
Klöster aufgefordert, unter der Führung des Dominikus gegen die Häresie
zu predigen. Die dominikanische Geschichtsschreibung des 20. Jahrhunderts, vor allem die französischsprachige, hat dieser Bulle stets große Aufmerksamkeit geschenkt. Mit ihr, so glaubte man, hätte sich der
Kreis geschlossen. Den Dienst der Katharerbekehrung, den Dominikus
in Südfrankreich so lange Jahre unscheinbar und gleichsam im zweiten Glied kämpfend versehen habe, hätte er nun auch in Italien wieder
übernehmen wollen, diesmal jedoch als unumstrittener Anführer einer
großangelegten Mission. Nach dieser Lesart scheint sogar die gesamte
Zeit in Italien unter dem Vorzeichen der Katharerbekämpfung zu stehen
(vgl. Bedouelle, S. 87). Eine solche Interpretation der Bulle entspricht
jedoch keineswegs den Tatsachen. Zwar war Oberitalien zu dieser Zeit
neben Südfrankreich wirklich das Hauptverbreitungsgebiet der Katharer.
Doch weder sprechen die Chroniken der oberitalienischen Städte von
einer aufsehenerregenden antihäretischen Predigttätigkeit des Dominikus, noch erwähnen seine eigenen bologneser Mitbrüder eine solche
(Akten Bologna). Aus ihren Aussagen gewinnt man eher den Eindruck,
die Katharer seien aus seinem Bewußtsein verschwunden. Zwei andere
Dinge beschäftigten Dominikus in diesen Jahren viel stärker, nämlich

die Konsolidierung und Ausbreitung seines Ordens und sodann seine große Sehnsucht, zu den Heiden zu gehen. Die Bulle, in der ihm sechs Ordensmänner zum Kampf gegen die Katharer unterstellt wurden, kam deshalb sicher nicht auf seinen Wunsch zustande. Da einer der Mönche immer wieder in den Akten des Kardinals Hugolino und späteren Papstes Gregor IX. erwähnt wird, und Hugolino zudem in Norditalien aktiv war, ist anzunehmen, daß die Idee zu dieser Mission auf ihn zurückgeht. Hugolino hätte dann auch Dominikus als ihren Leiter angefordert. Dominikus sollte diesen Dienst für die Kurie zwar übernehmen, er scheint sich jedoch nicht sehr stark in der Angelegenheit engagiert zu haben. Wahrscheinlich erreichte er mit den sechs Ordensleuten zwar Anfang Juni Mailand, das Zentrum der Katharer, und wies sie dort in ihre Aufgabe ein. Dann aber scheint er sie sehr bald verlassen zu haben, da er sich im Juli bereits wieder in Bologna befand (vgl. Tugwell, 1996, S. 33–46). Von einer großangelegten und sich über einen langen Zeitraum erstreckende Kampagne gegen die Katharer und andere Häretiker fehlt jede Spur. Aber auch sonst scheint sich Dominikus in seinen italienischen Jahren nicht als berühmter Prediger hervorgetan zu haben. Lediglich in Rom und Bologna könnte er einen gewissen Bekanntheitsgrad erreicht haben. Dominikus reiste zwar sehr viel durch Italien. So unternahm er noch zwei weitere Reisen, nämlich eine durch die Lombardei (Herbst 1220), auf der er die neuen Konvente visitierte, und eine andere nach Venedig. Er entfaltete auf diesen Reisen jedoch keine außergewöhnliche Predigttätigkeit. Die Aussagen seiner Mitbrüder im Heiligsprechungsprozeß geben eher den Eindruck eines „Gelegenheitsapostolates". „Wer auch immer ihm auf dem Weg begegnete, allen sprach er von Gott" (Akten Bologna, 47).

Tod und Heiligsprechung

Letzte Stunden

Nach dem Ende des zweiten Generalkapitels (Juni 1221) war Dominikus in die Gegend von Venedig aufgebrochen, wahrscheinlich um dort eine Gründung vorzubereiten. In Venedig traf er auch mit Kardinal Hugolino zusammen. Da Dominikus schon in den letzten Jahren anläßlich seiner anstrengenden Reisen immer wieder erkrankt war, verwundert es nicht, daß er sich nach seiner Rückkehr nicht wohl fühlte. Doch dieses Mal sollte seine fiebrige Erkrankung zum Tod führen. Bruder Ventura hat uns in seiner Aussage im Heiligsprechungsprozeß ein ebenso genaues wie ergreifendes Zeugnis über die letzten Tage und Stunden des Heiligen hinterlassen: „Gegen Ende des Monats Juli, so glaube ich, kam der selige Bruder Dominikus von der Kurie des Herrn Hugolino zurück, der damals Bischof von Ostia und Legat des Apostolischen Stuhles war und sich, so glaube ich sicher, in Venedig aufhielt. Und er kam sehr erschöpft zurück, weil eine große Hitze herrschte. Und obwohl er so müde war, sprach er mit mir, der ich damals neu zum Prior gewählt worden war, und mit Bruder Rudolf bis tief in die Nacht hinein über die Angelegenheiten des Ordens. Und da ich selbst schlafen wollte, bat ich den seligen Bruder Dominikus, er möge schlafen gehen und solle nicht zur nächtlichen Gebetzeit (Matutin) aufstehen. Aber er gab meinen Bitten nicht nach, sondern ging in die Kirche und brachte die ganze Nacht im Gebet zu. Dessen ungeachtet nahm er an der Matutin teil, wie ich von den Brüdern und von Dominikus selbst gehört habe. Nach der Matutin hörte ich von den Brüdern, daß er Kopfschmerzen habe. Von da an begann er deutlich an der Krankheit zu leiden, die ihn zum Herrn heimführen sollte. Als er sich wegen dieser Krankheit hinlegen mußte, wollte er nicht in einem Bett liegen, sondern auf einem Strohsack. Er ließ die Brüder Novizen zu sich rufen, tröstete sie mit liebevollen Worten und großem Eifer und ermahnte sie zum Guten. Und er ertrug diese Krankheit ebenso wie die anderen so geduldig, daß er immer heiter und fröhlich zu sein schien"

(Akten Bologna, 7). Gemäß dem Bericht Jordans, der sich zu dieser Zeit nicht in Bologna aufhielt, soll Dominikus auf dem Sterbebett zwölf verständigere Mitbrüder zu sich gerufen und sie mit eindringlichen Worten zur Keuschheit ermahnt haben (Libellus, 92). Viel wahrscheinlicher tat er dies jedoch in seiner Ansprache vor den Novizen.

Aus dem weiteren Zeugnis Venturas geht hervor, daß die Mitbrüder zu diesem Zeitpunkt scheinbar noch auf eine Genesung des Kranken hofften. „Da sich sein Zustand verschlimmerte, ließen wir ihn nach Santa Maria del Monte tragen, weil dort ein gesünderes Klima herrschte. Als er glaubte sterben zu müssen, rief er mich (den Prior) und die Brüder, und wir gingen dorthin, ungefähr zwanzig Brüder und ich selbst. Als wir bei ihm waren, begann er, uns im Liegen zu predigen und er hielt uns eine gute und zu Herzen gehende Ansprache. Dann spendete man ihm, wie ich glaube, die Letzte Ölung." Der Letzten Ölung dürfte zunächst noch die Beichte vorausgegangen sein. Auch davon berichtet Ventura an einer anderen Stelle in den Akten: „Ich hörte auch seine Beichte, als ihn die Krankheit befallen hatte, die ihn zum Herrn heimführen sollte. Es war eine Lebensbeichte und viele Priester waren anwesend und hörten zu. Aufgrund dieser Lebensbeichte glaube ich, daß er niemals eine Todsünde begangen hat und stets jungfräulich gelebt hat. Nachher sagte er mir im geheimen: ‚Bruder, ich habe gesündigt, weil ich öffentlich von meiner Jungfräulichkeit vor meinen Brüdern gesprochen habe, was ich nicht hätte tun dürfen'" (Libellus, 5). Daß die Beichte vor mehreren Priestern stattfand, könnte auch gut die Anwesenheit der zwölf Mitbrüder erklären, von denen Jordan im *Libellus* spricht. Jordan überliefert in diesem Zusammenhang auch den Satz, den Dominikus gleich danach bereute: „Seht, bis zu dieser Stunde hat mich die göttliche Barmherzigkeit in der Unversehrtheit des Fleisches bewahrt." Die unmittelbar folgende Aussage des Dominikus verschwieg Ventura jedoch als guter Beichtvater: „Dennoch bekenne ich, der Unvollkommenheit nicht entgangen zu sein, daß Gespräche mit jungen Frauen mein Herz mehr berührten, als die Anreden der Alten" (Libellus, 92). Bruder Ventura berichtet weiter über die Geschehnisse nach der Letzten Ölung: „Da kam mir zu Ohren, daß der Mönch, der Rektor der genannten Kirche war, gesagt habe, sollte Dominikus dort sterben, dann würde er nicht erlauben, daß man ihn wegbrächte, sondern ihn in der genannten Kirche bestatten lassen. Als ich das dem Bruder Dominikus hinterbrachte, antwortete er: ‚Nur unter den Füßen meiner Brüder will ich begraben werden. Tragt mich hinaus, damit ich in dem Weinberg dort sterbe. Dann könnt ihr mich in unserer Kirche begraben.' Da nahmen wir ihn und trugen ihn nach Bologna hinunter zur Kirche des hl. Nikolaus, voll Angst, er könne auf dem Weg sterben. Und als er dort war, ließ er mich nach einer gute Stunde holen und sagte mir: ‚Macht euch bereit.' Nachdem wir uns in feierlicher Weise auf die Empfehlung seiner Seele vorbereitet hatten und bei ihm zusammengekommen waren, sagte der selige Bruder Dominikus zu mir und den Brüdern: ‚Wartet noch.' Und während das alles geschah, sagte ich zu ihm: ‚Vater, du weißt, wie verlassen und traurig du uns zurücklässt. Gedenke unser und bitte den Herrn für uns.' Und der Bruder Dominikus erhob seine Hände zum Himmel und sagte: ‚Heiliger Vater, du weißt, daß ich gerne in deinem Willen ausgeharrt habe. Und die, die du mir gegeben hast, habe ich bewahrt und behütet. Ich empfehle sie dir, daß du sie bewahren und behüten mögest.' Von den Brüdern hörte ich später, er habe ihnen, als sie ihn um seine Fürsprache baten, geantwortet: ‚Nach meinem Tod werde ich euch nützlicher sein, als ich es in diesem Leben war.' Und wenig später sagte er mir und den Brüdern: ‚Fangt an.' Und wir begannen feierlich die Gebete zur Empfehlung der Seele. Und ich glaube, daß der selige Bruder Dominikus die Gebete mitsprach, weil er die Lippen bewegte. Noch während wir beteten, verschied er. Und wir waren uns sicher, daß er genau zu dem Zeitpunkt den Geist aufgab, als wir jene Worte sprachen: ‚Kommt herbei, ihr Heiligen Gottes, naht euch, ihr Engel des Herrn und nehmt seine Seele auf und bringt sie dar im Angesicht des Höchsten'" (Libellus, 8).

Erste Verehrung und Heiligsprechung

Dominikus starb am 6. August 1221 im Alter von etwa 47 Jahren. Zu seinem Begräbnis kamen verschiedene kirchliche Würdenträger nach Bologna, um von Dominikus Abschied zu nehmen. Unter ihnen befanden sich mehrere Äbte sowie der Patriarch von Aquileia. Auch Kardinal Hugolino war erschienen, um die Totenmesse zu feiern und das Begräbnis seines Freundes zu leiten. Dominikus wurde, wie er es in Santa Maria del Monte gewünscht hatte, im Boden der Kirche St. Nikolaus bestattet. Schon bald ereigneten sich zahlreiche Wunder an seinem Grab. Bruder Ventura berichtet von einem unerklärlichen Duft, der die Kirche St. Nikolaus im Winter nach dem Heimgang des Dominikus erfüllte. Viele Brüder hätten diesen Duft wahrgenommen, besonders in der Nähe der Grabstätte. Ebenso wie Jordan, der zu dieser Zeit bereits in Bologna weilte, berichtet Ventura von der wachsenden Verehrung des gläubigen Volkes. Viele Männer und Frauen kamen mit Kerzen und Votivbildern zum Grab des Dominikus und behaupteten, sie selbst oder ihre Lieben seien auf seine Fürsprache von Gebrechen geheilt oder aus Nöten befreit worden. Doch die Brüder in Bologna wollten davon nichts wissen. Sie zerbrachen die am Grab hinterlassenen Votivbilder und warfen sie weg. Zur Verbreitung der Wundergeschichten rührten sie keinen Finger. So unterdrückten die Brüder die Verehrung des Dominikus im Volk, bis sie schließlich ganz abebbte. Sowohl Jordan als auch Ventura geben Gründe für dieses eigenwillige Verhalten an. Ventura berichtet, die Brüder hätten Angst gehabt, durch den Heiligenkult in den Ruf der Geschäftemacherei zu kommen. Auch Jordan nennt diesen Grund. Ventura führt noch einen zweiten an: die Brüder hätten sich durch die Menge schlicht gestört gefühlt (Akten Bologna, 9; Libellus, 121–122). Ventura und Jordan hatten zu dieser Zeit hohe Ämter in Bologna inne, eine Tatsache, die sie bei ihren Klagen über „die Mitbrüder" geflissentlich übergehen. Ventura war Prior und Jordan zunächst Provinzial der Lombardei und bald darauf Ordensmeister. Als Obere hätten sie dem Verhalten der Brüder leicht Einhalt gebieten können. Wenn sie es nicht taten, so müssen sie selbst einen tieferen Beweggrund gehabt haben, das Andenken des Dominikus dem Vergessen preiszugeben. Vielleicht weil er selbst es so gewollt hatte? Weil sie wußten, daß er schon zu Lebzeiten jeder Ehrung aus dem Weg gegangen war? Jordan spricht denn auch von Brüdern, die der Meinung gewesen seien, „es genüge, wenn das unsterbliche Andenken des Dominikus bei Gott bekannt sei. Man brauche sich nicht darum mühen, daß es auch den Menschen bekannt werde" (Libellus, 121).

Doch es kam anders. Im Jahr 1228 waren die Brüder in Bologna so zahlreich geworden, daß mit dem Bau einer neuen Kirche begonnen werden mußte. Im Gefolge der Arbeiten kam auch das Grab des Dominikus ins Freie zu liegen und war nun dem Regen und der Witterung schutzlos ausgesetzt. Etwa zur selben Zeit blühte die Verehrung des Dominikus in Bologna und in der ganzen Lombardei wieder auf. Beides führte dazu, daß die Brüder Papst Gregor den IX., den früheren Kardinal Hugolino, um die Erlaubnis baten, den Leichnam des Dominikus in eine würdigere Grabstätte überführen zu dürfen. Gregor stimmte dem Ansuchen gerne zu. Er habe Dominikus stets als treuen Befolger der apostolischen Lebensregel gekannt und zweifle nicht daran, daß er nun an der himmlischen Herrlichkeit der Apostel teilhabe (Libellus, 125). Am 24. Mai des Jahres 1233 war es soweit. In Anwesenheit des Erzbischofs von Ravenna, der den Papst vertrat, und einer großen Schar bologneser Bürger wurde das Grab des Dominikus geöffnet. Jordan berichtet, die Brüder seien von der Angst geplagt worden, dem Grab könne ein unangenehmer Modergeruch entsteigen, da es so lange der Witterung ausgesetzt gewesen war. Doch zum Erstaunen aller wurde die ganze Kirche erneut von dem wunderbaren Duft erfüllt, der sich schon im Todesjahr bemerkbar gemacht hatte. Ganz Bologna geriet daraufhin in Aufruhr. „Trompeten erschallen, das Volk entzündet eine ungezählte Menge von Kerzen, feierliche Prozessionen setzen sich in Bewegung und überall ertönt der Ruf: ‚Gelobt sei Jesus Christus!'" (Libellus, 129). Auf Antrag des Bischofs, der Bürgerschaft und der Universität von Bologna wurde bald darauf der Prozeß zur Heiligsprechung des Dominikus eröffnet. Nach seiner erfolgreichen Durchführung nahm Papst Gregor IX. den Gründer der Predigerbrüder, der sein Leben lang den Wohlgeruch Christi verströmt hatte (2 Kor 2,15), am 3. Juli des Jahres 1234 in die Schar der Heiligen auf.

II. VITA APOSTOLICA

„Auf seiner Stirn erstrahlte ein Glanz" – Persönlichkeit eines Heiligen

Die Persönlichkeit des hl. Dominikus erschließt sich am besten aus den Zeugnissen der Menschen, die ihn kannten und mit ihm zusammenlebten. Die folgende kleine Quellensammlung bietet daher vor allem Aussagen, die im Prozeß zur Heiligsprechung gemacht wurden. In ihrer bisweilen lapidaren Einfachheit zeichnen diese Berichte ein ebenso zeitnahes wie lebendiges Bild des Heiligen. Die Aussagen der einzelnen Zeugen ähneln sich oft sehr stark, gewisse charakteristische Verhaltensweisen des Dominikus sind also mehrfach belegt. Die hier in neuer Übersetzung vorgelegte Auswahl beschränkt sich in diesen Fällen auf jeweils ein oder zwei Beispiele. Für eine ausführlichere Darstellung sei auf die hervorragende Quellensammlung Vladimir Koudelkas verwiesen.

Aussehen und Ausstrahlung

Von Dominikus ist kein zeitgenössisches Bild überliefert, dafür bietet Schwester Cäcilia eine Beschreibung seiner Gestalt. Einen Anhaltspunkt für die Echtheit ihrer Darstellung gibt die Erwähnung des Bartes des Heiligen. In den Jahren 1220–1221, in denen die damals etwa 20jährige Dominikus zuletzt begegnete, trug er nämlich wirklich einen solchen.

„Er war mittelgroß und zierlich. Sein Gesicht war schön und ein wenig rötlich, seine Haare und sein Bart waren etwas rötlich, er hatte schöne Augen. Auf seiner Stirn und zwischen seinen Augenbrauen erstrahlte ein

Glanz, der alle mit Ehrfurcht und Zuneigung erfüllte. Er war stets heiter und fröhlich, außer wenn ihn das Mitleid mit der Not eines Nächsten bewegte. Er hatte lange und schöne Hände sowie eine kräftige, schöne und wohlklingende Stimme. Er war niemals kahlköpfig, seine Tonsur war rundherum vollständig, nur da und dort von grauen Haaren durchsetzt" (Cäcilia, 15).

Auch Jordan beschreibt, wie die freudige Gelassenheit des Dominikus die Menschen anzog:

„Es war eine ganz starke Ausgeglichenheit in seinem Wesen, außer wenn er von Mitleid und Erbarmen erschüttert wurde. Und weil ein fröhliches Herz das Gesicht heiter macht (Spr 15,13), so zeigte er die innere Ausgeglichenheit nach außen durch Güte und heitere Miene. (...) So gewann er sich leicht die Liebe aller. Ohne Schwierigkeit fiel ihm die Zuneigung aller zu, sobald sie ihn nur erblickten. (...) Untertags war niemand im Umgang mit den Brüdern und Gefährten umgänglicher, niemand fröhlicher" (Libellus, 103–104).

„Alle Menschen umfing er mit weitherziger Liebe, und da er alle liebte, wurde er von allen geliebt. Sich zu freuen mit den Fröhlichen, zu weinen mit den Weinenden (Röm 12,15) – dieses Wort hatte er sich zu eigen gemacht. Deshalb war er überreich an Güte und ging ganz in der Sorge um die Nächsten und im Mitleid mit den Elenden auf. Besonders beliebt machte ihn auch bei allen, daß er stets geraden Weges ging und ihm niemals, weder in Wort noch Tat, eine Spur von Doppelzüngigkeit oder Falschheit anhaftete" (Libellus, 107).

In seinem Mitleid mit den Menschen war Dominikus bereit, bis zum äußersten zu gehen. Petrus Ferrandus berichtet, Dominikus habe sich einmal als Sklave verkaufen wollen, um mit dem Erlös einen Mann von dessen finanziellen Verpflichtungen gegenüber den Häretikern befreien zu können. Dann fährt Ferrandus fort: „Eine ähnliche Tat wollte er schon vollbringen, als er noch in seiner Heimat weilte. Eine Frau beklagte nämlich vor ihm das Schicksal ihres Bruders, den die Sarazenen gefangen hielten. Vom Geist der Barmherzigkeit erfüllt und von innigem Mitleid verwundet, bot er sich selbst als Preis für den

Rückkauf des Gefangenen an. Doch der Herr ließ es nicht zu, da er ihn für noch größere Werke der Gerechtigkeit und die Bekehrung vieler Seelen bewahren wollte" (Ferrandus, 21).

Johannes von Navarra hatte Dominikus auf dessen Spanienreise begleitet. Besonders in Katalonien gab es viele Juden und Moslems: „Gegenüber Reichen und Armen, Juden und Heiden, von denen es in Spanien viele gibt, zeigte er sich liebenswürdig. Er wurde von allen geliebt, außer von den Häretikern und den Feinden der Kirche, denen er mit seinen Streitgesprächen und Predigten zusetzte und die er zu überzeugen trachtete. Doch auch diese ermahnte er liebevoll, Buße zu tun und sich zum wahren Glauben zu bekehren" (Akten Bologna, 27).

Bruder Ventura zeichnet ein eindrucksvolles Gesamtbild seiner Persönlichkeit: „Der selige Bruder Dominikus war weise und besaß Unterscheidungsvermögen. Er war geduldig, gütig, sehr barmherzig, sehr umgänglich und gerecht. Daher glaube ich, daß ich in meinem ganzen Leben unter allen Menschen nie einen von solchen Tugenden getroffen habe, obwohl ich viele gute Menschen und Ordensleute in verschiedenen Ländern kennen gelernt habe" (Akten Bologna, 5).

Mit Gott sprechen: Dominikus im Gebet

Freude und Mitleid des Dominikus speisten sich aus einer gemeinsamen Quelle, dem Gebet. Der Kontemplation entströmte auch seine Aktion in Predigt, Seelsorge und Einsatz für den Orden. Thomas von Aquin sollte einige Jahrzehnte später für den Predigerorden die Devise formulieren: *Contemplari et contemplata aliis tradere* (Betrachten und das Betrachtete den anderen mitteilen). Diese Devise findet ihre Entsprechung im persönlichen Motto des Dominikus: *Cum Deo, vel de Deo loqui* (mit Gott oder von Gott sprechen). Dieser Leitsatz macht darauf aufmerksam, daß dem Reden über Gott stets das Gespräch mit Gott vorausgehen muß. Welch hohe Bedeutung die ersten Brüder dem Gebetsleben ihres Gründers beimaßen, zeigt eine kleine Schrift, die Ende des 13. Jahrhunderts in Bologna entstand. In Text und Bild schildert dieses

Werk neun verschiedene „Gebetsweisen des hl. Dominikus". Bereits in
Osma zeigten sich Grundzüge seines Gebetslebens: „Es war seine feste

Gewohnheit, die Nächte
im Gebet zu verbringen
und bei verschlossener
Tür zum Vater zu beten.
Bisweilen ließ er beim
Beten das Seufzen seines
Herzens in Stöhnen und
Schreien nach draußen
dringen. Er konnte sich

*Modi orandi Sancti Dominici, Die Gebets- und An-
dachtsgesten des Heiligen Dominikus*, dt.-lat., mit Originalbildern und Kommentar, 2 Bde, 1995; vgl. auch
Koudelka, S. 109–125 (mit modernen Holzschnitten).
Die neun Gebetsweisen sind: tiefe Verbeugung,
Sich-Niederwerfen und Selbstgeißelung vor Altar und
Kreuz, dazu mehrfache Kniebeugen vor dem Gekreuzigten und Stehen vor dem Altar in Orantenhaltung,
mit ausgestreckten oder pfeilförmig nach oben erho-
benen Armen. *Lectio divina* und die Gebetsweise auf
der Reise bilden den Abschluß der Schrift.

dabei nicht zurückhalten, so daß seine Ausbrüche weithin und deutlich
zu vernehmen waren. Er richtete aber häufig eine besondere Bitte an Gott,
daß er ihm nämlich eine wahre und für das Heil der Menschen wirksame
Liebe schenke. Denn er glaubte erst dann ein echtes Glied Christi zu sein,
wenn er sich ganz und mit allen Kräften zur Rettung der Seelen einsetze;
so wie unser Herr Jesus Christus, der Erlöser aller Menschen, sich ganz für
unser Heil hingegeben hat. Mit besonderer Vorliebe las er in einem Buch,
das den Titel *Collationes Patrum* (Unterredungen der Väter) trägt und

von allen Lastern sowie
von der Vollkommenheit
im geistlichen Leben
handelt. Darin forschte
er nach den Wegen, die

In diesem berühmten Werk stellt JOHANNES CASSIAN
(um 360/365–432/435) in Form von 24 Unterredungen mit ägyptischen Wüstenvätern seine
monastische Lehre dar. Die *Collationes* gehörten in
den mittelalterlichen Klöstern zur klassischen
Erbauungsliteratur.

zum Heil führen, und auf ihnen bemühte er sich mit ganzer Kraft zu
wandeln. Dieses Buch ließ ihn mit Hilfe der Gnade eine außergewöhnliche Reinheit des Gewissens, eine tiefe Einsicht in der Kontemplation
sowie den Gipfel der Vollkommenheit erreichen" (Libellus, 13).

In den Akten zur Heiligsprechung wird das nächtliche Gebet des Dominikus sehr oft bezeugt. Bruder Ventura berichtet: „Den größten Teil der
Nacht verbrachte er im Gebet und sehr oft durchwachte er sie so und er
weinte viel, während er betete. Sehr oft habe ich ihn betend und weinend
in der Kirche angetroffen und bisweilen lag er bezwungen von Müdigkeit

schlafend am Boden. Und wegen der vielen Nachtwachen schlief er sehr oft bei Tisch ein" (Akten Bologna, 6).

Dominikus zog sich zwar oft zum nächtlichen Gebet zurück, wer sich ihm wie Bruder Rudolf anschließen wollte, wurde aber nicht zurückgewiesen: „Ich stand oft bei ihm in der Nacht und sah ihn auf diese Weise beten und weinen. Und oft sah ich ihn auf den Zehenspitzen stehen und die Hände zum Gebet erhoben. (...) Ich stellte mich nahe an seine Seite, um auch zu beten, denn wir waren sehr vertraut miteinander" (Akten Bologna, 31).

Eine Aussage des Bruders Johannes macht deutlich, daß Dominikus kein trauriger Mensch war, auch wenn er im Gebet viele Tränen vergoß. „Ich sah ihn stets fröhlich in der Gesellschaft von Menschen, doch im Gebet weinte er oft" (Akten Bologna, 29).

Abt Wilhelm weist auf das Mitleid mit den Sündern als Quelle der Tränen hin: „Wenn er betete, schrie er so laut, daß man es überall hören konnte. Und mit lauter Stimme rief er: ‚Herr, erbarme dich deines Volkes. Was wird aus den Sündern?' Und auf diese Weise durchwachte er die Nächte, weinend und jammernd um die Sünden der anderen" (Akten Toulouse, 18).

Dominikus lebte zutiefst aus dem heiligen Meßopfer. Bruder Frugerius bezeugt, wie sehr er dabei von der Liebe Christi berührt wurde: „Ich habe sehr oft die Messe bei ihm gehört, im Konvent ebenso wie auf der Reise. Und jedes Mal hat er dabei viele Tränen vergossen" (Akten Bologna, 46).

Bruder Ventura bestätigt diese Angaben. Er erwähnt auch den Eifer, mit dem Dominikus das Heilige Offizium (Stundengebet) verrichtete. „Auch unterwegs feierte er fast jeden Tag die Messe, wenn er eine Kirche fand. Und wenn er die Messe sang, vergoß er viele Tränen, wie ich selbst gesehen habe. Und wenn er zu einem Hospiz kam und dort eine Kirche war, ging er stets in die Kirche, um dort zu beten. Und fast immer, wenn er außerhalb des Konventes war und den ersten Glockenschlag für die Matutin von irgendeinem Kloster hörte, erhob er sich, weckte die Brüder auf und feierte sodann mit großer Andacht das ganze göttliche Tages- und Nachtoffizium, doch jede Hore zur rechten Zeit und ohne etwas auszulassen. Und nach der Komplet hieß er seine Brüder schweigen, ob sie sich nun auf dem Weg oder in einem Konvent befanden" (Akten Bologna, 3).

Wie sehr persönliches und gemeinschaftliches Gebet für Dominikus eine Einheit bildeten und ineinander übergingen, bezeugt Bruder Stephans Aussage: „Er hatte die Gewohnheit, die Brüder nach der Komplet und dem gemeinsamen Gebet ins Dormitorium zu schicken, er selbst aber blieb zum Gebet in der Kirche. Und während er nachts betete, brach er in solches Seufzen und Klagen aus, daß er die Brüder, die in der Nähe schliefen, aufweckte. Und manche von ihnen wurden selbst zu Tränen gerührt. Und sehr oft durchwachte er die ganze Nacht im Gebet bis zur Matutin. Aber dessen ungeachtet ging er während der Matutin von einer Chorseite zur anderen, indem er die Brüder ermahnte und anhielt, mit hoher Stimme und andächtig zu singen" (Akten Bologna, 37).

Obwohl er so manchen Mitbruder durch sein lautes Gebet aufweckte, sorgte er sich doch wie ein Vater um seine schlafenden Söhne: „Bruder Johannes von Bologna, ein guter und verständiger Mensch, sagte, er habe sieben Nächte lang gewacht, um zu sehen, was der selige Vater in der Nacht tue. Er sagte also, daß er bisweilen stand, bisweilen Kniebeugen machte oder sich zu Boden warf. Darin hielt er so lange aus, bis der Schlaf ihn übermannte. Wenn er dann wieder erwachte, besuchte er sofort reihum die Altäre. Das tat er etwa bis Mitternacht. Dann aber besuchte er ganz leise die schlafenden Brüder und deckte die Abgedeckten wieder zu. Danach kehrte er in die Kirche zurück und betete weiter" (Leben der Brüder, II, 18).

Von Gott sprechen: Dominikus als Prediger

Dominikus hatte sich seinen Wahlspruch „Mit Gott oder von Gott sprechen" nicht selbst ausgedacht. Wahrscheinlich übernahm er ihn vom Gründer des Eremitenordens der Grammontenser, Stephan von Muret (auch: „Stephan von Thiers" genannt, 1050–1124). Doch bei

Jean Becquet, *Scriptores Ordinis Grandimontensis* (Corpus Christianorum. Continuatio Mediaevalis, 8), Turnhout 1968, S. 21.

Dominikus entwickelte der Satz Stephans „Der gute Mensch muß immer mit Gott oder von Gott sprechen" eine neue Dynamik. Das Sprechen von Gott war bei Dominikus mehr als das in der Einsamkeit geführte Gespräch eines Eremiten mit einem Mitbruder oder einem zufälligen Gast. Dominikus suchte die Menschen selbst auf, um ihnen das Evangelium zu verkünden. Auch seine Brüder sandte er gezielt dazu aus. „Von Gott sprechen" wurde zum Predigen.

Bruder Stephan sagte: „Im Predigen war er ausdauernd und gewissenhaft und seine Worte waren so bewegend, daß er sich selbst und die Zuhörer sehr oft zum Weinen brachte. Niemals hörte ich einen Menschen, dessen Worte die Brüder so zur Reue und zum Weinen bewegten. Es war seine Gewohnheit, daß er stets von Gott und mit Gott sprach, zu Hause, außer Haus und auf dem Weg. Dazu ermahnte er auch die Brüder, und das ließ er auch in die Konstitutionen aufnehmen" (Akten Bologna, 37).

Bruder Rudolf sagte: „Er war sehr gewissenhaft, hingebungsvoll und ausdauernd beim Predigen und Beichthören. Und oft weinte er beim Predigen und brachte auch die Zuhörer zum Weinen" (33).

„Ob im Haus oder auf dem Weg – immer wollte er von Gott oder vom Heil der Seelen sprechen. Und niemals habe ich von ihm ein unnützes oder schlechtes Wort gehört, oder etwas, das nur zur Unterhaltung gedient hätte" (32).

Bruder Ventura sagte: „Unterwegs wollte Dominikus fast allen, die mit ihm zusammen auf dem Weg waren, das Wort Gottes predigen. Wenn er es nicht selbst tat, sollten es andere tun. Und er wollte sich immer über Gott unterhalten, von ihm sprechen und lesen, wenn er unterwegs war, oder er wollte beten" (3).

Die Aussage Venturas deutet bereits an, daß Dominikus auch seine Mitbrüder in die Dynamik des „mit Gott und von Gott Sprechens" hineinnehmen wollte. Weitere Zeugen bestätigen dies. Abt Wilhelm sagte aus: „Der selige Dominikus dürstete brennend nach dem Heil der Seelen und war von großem Eifer für sie erfüllt. Er war so sehr von der Predigttätigkeit entflammt, daß er Tag und Nacht, in den Kirchen und Häusern, auf den Feldern, auf dem Weg und überall das Wort Gottes predigen wollte und die Brüder dazu anhielt. Sie sollten von nichts anderem als von Gott sprechen" (Akten Toulouse, 18).

Bruder Johannes sagte: „Da er großes Vertrauen in Gott hatte, schickte er auch die Einfältigen zum Predigen, indem er sagte: ‚Geht nur, denn der Herr wird euch das Wort der Predigt geben und mit euch sein.' Sie gingen und es geschah, wie er gesagt hatte" (Akten Bologna, 26).

Die ersten Konstitutionen, an deren Erarbeitung Dominikus selbst beteiligt war, zeichnen ein Ideal des Predigers. Sie geben aber auch feste Regeln, an die sich die zur Predigt Ausgesandten zu halten haben.

„Wenn die hierfür Geeigneten zum Predigen ausgesandt werden, dann soll ihnen der Prior Gefährten mitgeben, die seinem Urteil gemäß ihrem Lebenswandel und guten Ruf von Nutzen sind. Verlassen sie nach Empfang des Segens den Konvent, dann sollen sie sich als ehrenhafte Ordensmänner verhalten, die nach ihrem eigenen Seelenheil ebenso wie nach dem der anderen verlangen. Wie Männer des Evangeliums sollen sie den Spuren des Erlösers folgen und mit Gott oder von Gott sprechen, für sich oder mit den Nächsten. Sie sollen Umgang mit verdächtiger Gesellschaft meiden. Wenn sie aber zum genannten Predigtdienst oder anderswohin aufbrechen, sollen sie weder Gold, Silber, Geld, noch Geschenke annehmen oder bei sich tragen, ausgenommen Lebensmittel, die notwendigen Kleider und Bücher" (Älteste Konstitutionen, II, 31).

„Unsere Brüder sollen sich hüten, in ihren Predigten den Mund bis zum Himmel aufzurei-

De oudste Constituties van de Dominicanen, hrsg. von Antonius Hendrik Thomas, Löwen 1965, S. 309–369 (Kurztitel = **Älteste Konstitutionen**). Der zweite Teil dieser kritischen Ausgabe wurde von Simon Tugwell noch einmal durchgesehen und verbessert herausgegeben: *The evolution of dominican government,* in: AFP 71 (2001) S. 5–182 (Kurztitel = **Tugwell, 2001**).

ßen und bei Ordensleuten oder Klerikern Anstoß zu erregen. Vielmehr sollen sie diese, wenn sie an ihnen etwas Besserungswürdiges erblicken, wie Väter zur Seite nehmen und sie so zur Besserung anhalten und ermahnen" (II, 33).

Asket und Liebhaber der Armut

Der Ausdruck „Spiritualität" hat nicht nur in der theologischen Wissenschaft den alten Doppelbegriff „Mystik und Askese" verdrängt. Doch während die Mystik heute wieder im Trend liegt, so wird über Askese auch in kirchlichen Kreisen kaum mehr gesprochen. Für Dominikus bestand zwischen beiden noch eine untrennbare Einheit. Er wußte, daß die „Übung" (griech. *askeo*) der Selbstbeherrschung zur wahren Freiheit des Geistes führt, in der eine tiefe Gottesbegegnung erst möglich wird. Neben seinen Nachtwachen kannte er viele andere asketische „Übungen", von denen manche heute zwar merkwürdig erscheinen, die jedoch zu seiner Zeit nichts Ungewöhnliches waren.

Bruder Rudolf sagte: „Bruder Dominikus trug um die Lenden stets eine Eisenkette auf dem bloßen Leib. Und er trug sie so um den Körper geschlungen bis zu seinem Tod. Denn nachdem er gestorben war, fand ich sie so. Und ich nahm sie zu mir, aber später gab ich sie dem Ordensmeister Jordan" (Akten Bologna, 31).

Wilhelmine sagte: „Ich habe selbst ein Bußhemd für ihn gewoben, das er dann trug" (Akten Toulouse, 15).

Bruder Ventura sagte: „(Auch) auf der Reise hielt er durchgehend das Fasten ein, vom Fest der Kreuzerhöhung an bis Ostern. Und auch im Sommer beobachtete er alle kirchlichen Fasttage, ebenso wie alle Freitage. Auf dem Weg aß er das, was man ihm gab, mit aller Bescheidenheit. Er nahm aber kein Fleisch oder andere Gerichte zu sich, die mit Fleisch oder Fett gekocht waren" (Akten Bologna, 4).

Bruder Wilhelm von Monferrato sagte: „Die ganze Zeit, in der ich bei ihm war, sah ich, daß er die Regel der Predigerbrüder einhielt, und zwar sehr streng. Gerne dispensierte er seine Brüder, doch nicht sich selbst. Ich sah ihn alle von der Regel gebotenen Fasttage befolgen, in Gesundheit, wie in Krankheit. Als wir miteinander nach Rom gingen, litt er an schweren Verdauungsbeschwerden. Dennoch brach er das Fasten nicht und aß weder Fleisch noch irgendeine zusätzliche Ration, höchstens eine Frucht oder etwas Gemüse" (12).

Wilhelmine sagte: „Über zweihundert Mal aß er bei mir, aber nie habe ich gesehen, daß er bei einer Mahlzeit mehr als eine Viertel Portion Fisch, oder mehr als zwei Eidotter gegessen oder mehr als ein Glas Wein getrunken hätte, den er zuerst noch mit drei Vierteln Wasser verdünnt hatte. Ebenso hat er nie mehr als ein Stück Brot gegessen. Ich sah auch folgendes: wenn er von schweren Schmerzen gepeinigt wurde, was öfter geschah, und dann von den anderen zu Bett gebracht wurde, legte er sich sofort auf den Boden. Denn er war es nicht gewohnt, in einem Bett zu schlafen" (Akten Toulouse, 15).

Bruder Stephan sagte: „Im Essen und Trinken hielt er sich sehr zurück. Wenn die Brüder zwei gekochte Speisen oder Gerichte hatten, gab er sich mit einem einzigen zufrieden. Ich habe es oft im Refektorium selbst gesehen. Und während die Brüder aßen, schien Bruder Dominikus stets bei Tisch zu schlafen, so müde war er von seinen vielen Nachtwachen" (Akten Bologna, 38).

Bruder Johannes sagte: „Er betete mehr als die übrigen Brüder, mit denen er zusammenlebte. Er wachte auch mehr und empfing häufiger und härter die körperliche Disziplin. Ich habe ihn oft dabei gesehen" (25).

Seit dem Frühmittelalter konnte die Geißelung in den Klöstern als Strafe für schwere Vergehen verhängt werden. Viele Ordensleute verrichteten sie aber auch als freiwillige Bußübung, in der sie Ähnlichkeit mit dem leidenden Christus zu erlangen suchten.

Dominikus schätzte und liebte die evangelische Armut und er achtete streng darauf, daß auch seine Brüder sie einhielten. Im Unterschied zu Franziskus sah er sie aber weniger als Weg der Christusnachfolge. Für Dominikus stand die Armut immer im Kontext der Verkündigung. Sie sollte seinen Predigern ein hohes Maß an Mobilität sowie an Überzeugungskraft bei den Zuhörern verleihen. Überdies war die freiwillige Armut nicht nur der Demut des einzelnen Ordensmannes förderlich, sie trug auch dazu bei, die Konvente in der Dynamik der Verkündigung zu halten. Denn eine Gemeinschaft, die allein von den Gaben der Gläubigen lebte, war per se verpflichtet, den Kontakt mit der Bevölkerung zu pflegen.

Bruder Johannes: „Er liebte die Armut sehr. Auch die Brüder ermahnte er eifrig, sie zu lieben. Er war stolz auf seine abgetragenen Kleider und darauf, daß er alles Zeitliche zurückgelassen hatte. Ich war sehr oft zugegen, wenn er die Brüder zur Armut ermahnte" (Akten Bologna, 27).

Bruder Stephan sagte: „Bruder Dominikus war ein Liebhaber der Armut. Ich weiß das, denn ich hörte ihn sehr oft predigen und seine Brüder zur Armut ermahnen. Und wenn ihm selbst oder der Gemeinschaft Besitzungen angeboten wurden, so wollte er sie nicht annehmen, noch die Brüder sie annehmen lassen. Er wollte, daß sie einfache und kleine Häuser hätten. Und er selbst trug einen ganz abgetragenen Habit und ärmliche Kleider. Ich habe ihn selbst öfter mit einem völlig abgetragenen und kurzen Skapulier gesehen, das er auch in der Gegenwart Großer nicht mit dem Mantel zudecken wollte. Da die Brüder von St. Nikolaus unschöne und kleine Zellen hatten, begann Bruder Rudolf, der damals Prokurator war, die Zellen in Abwesenheit des Bruders Dominikus um eine Armlänge zu erhöhen. Als Bruder Dominikus zurückgekehrt war und die erhöhten Zellen sah, begann er, Rudolf und die anderen Brüder unter Tränen zurechtzuweisen und sagte zu allen: ‚So schnell wollt ihr die Armut aufgeben und große Paläste erbauen?' Dann befahl er ihnen, von dem begonnenen Werk abzulassen, und so blieb es unvollendet, solange er lebte. Wie er die Armut für seine Person liebte, so liebte er sie auch bei seinen Brüdern. Darum befahl er ihnen, ärmliche Gewänder zu tragen und nie Geld auf dem Weg mit sich zu führen, sondern überall von Almosen zu leben. Und das ließ er auch in seine Regel schreiben" (38).

Bruder Paul sagte: „Er hatte einen ganz abgetragenen Habit. Beim Verlassen eines Ortes zog er seine Schuhe aus und setzte die Reise barfuß fort. Das sah ich öfter, wenn ich mit ihm unterwegs war. Ebenso habe ich gesehen, wie Bruder Dominikus von Haus zu Haus gehend um Almosen bat und Brot bekam wie ein Armer. Und als er in Dugliolo um Almosen bat, reichte ihm ein Mann einen ganzen Laib Brot, den der Vater auf den Knien mit großer Demut und Ergebenheit entgegennahm. Und er wollte, daß die Brüder von Almosen leben sollten. Ich habe oft gehört, wie er ihnen das sagte" (42).

Freude in Schwierigkeiten

Dominikus strahlte gerade in Schwierigkeiten und Sorgen eine besondere Freude aus. Ob er die sich jeweils auftuenden Probleme nun als Bewährungsproben oder als Gelegenheiten zur Buße verstand – stets bewahrte er die Ruhe und vertraute auf die Hilfe Gottes.

Bruder Frugerius sagte: „Er war geduldig in Schwierigkeiten und freute sich, wenn Mißgeschicke passierten" (Akten Bologna, 48).

Abt Wilhelm sagte: „Niemals habe ich unter allen Menschen einen so demütigen getroffen, noch einen, der irdische Ehre und alles was zu ihr gehört, so sehr verachtete. Mit größter Geduld ertrug er Beleidigungen, Verwünschungen und Scheltworte und nahm sie mit Freude wie eine Gabe oder ein Geschenk entgegen. Von Nachstellungen ließ er sich nie aus der Ruhe bringen, sondern ging entschlossen und unerschrocken auf Gefahren zu" (Akten Toulouse, 18).

Bruder Buonvisu sagte: „Bei schlechter Verpflegung zeigte er mehr Freude als bei guter. Als ich in Mailand war und den seligen Bruder Dominikus während einer Krankheit pflegte, in der er hohes Fieber hatte, beklagte er sich nicht über die Krankheit. Stattdessen kam es mir so vor, als befinde er sich im Gebet und in der Betrachtung. Das schien mir deshalb so, weil ich auf seinem Gesicht dieselben Züge wahrnahm, die auch in gesunden Tagen ein Anzeichen dafür waren, daß er betete oder in der Betrachtung war. Als das Fieber dann zurückgegangen war, sprach er mit den Brüdern von Gott, las in einem Buch oder ließ sich vorlesen. Und er lobte Gott und freute sich über die Krankheit, wie es überhaupt seine Gewohnheit war, sich in Schwierigkeiten mehr zu freuen, als unter günstigen Umständen" (Akten Bologna, 22).

Bruder Paul sagte: „Nie sah ich ihn zornig, aufgebracht oder durcheinander, weder bei Reisestrapazen, noch in der Glut der Leidenschaft, noch irgendwo sonst. Vielmehr sah ich ihn froh, wenn sich Schwierigkeiten einstellten und geduldig bei widrigen Umständen" (41).

Auch Gerhard von Frachet berichtet in seinen „Vitas fratrum" von einer Episode, in der Dominikus Freude in der Bedrängnis zeigte. Zusammen mit einem Bischof und dessen Begleitern war er barfuß zu einer Disputation mit Häretikern unterwegs. „Als sie schon länger zweifelten, ob sie auf dem richtigen Weg seien, baten sie einen Mann um Auskunft, den sie für einen Katholiken hielten, der in Wirklichkeit aber ein Häretiker war. ‚Sehr gut', sagte dieser. ‚Gerne zeige ich euch den Weg, ja, ich führe euch sogar selbst dorthin.' Er führte sie also in einen Wald und ließ sie dort in bösartiger Weise über Dornen und Gestrüpp irren, bis ihre Füße und Beine blutig waren. Der Mann Gottes aber ertrug dies alles mit großer Geduld, brach ins Lob Gottes aus und hielt auch alle seine Begleiter dazu an, indem er sagte: ‚Meine Lieben, hofft auf den Herrn. Der Sieg wird uns zufallen, denn unsere Sünden sind bereits durch Blut gesühnt.' Da der Häretiker ihre wundersame und fröhliche Geduld sah und von den guten Worten des Gottesmannes getroffen war, gab er seine bösartige List zu und schwor der Häresie ab. Als sie aber den Ort der Disputation erreichten, geriet ihnen alles zum besten" (Leben der Brüder, II, 2).

Strenger Meister und Tröster seiner Brüder

Trotz seiner zahlreichen Reisen und seiner aufreibenden Tätigkeit bewahrte sich Dominikus die Aufmerksamkeit für seine Brüder. Als guter Oberer wies er Verstöße gegen die Regel streng, doch stets mit gütigen Worten zurecht. Brüdern in Not oder persönlichen Schwierigkeiten war er eine Stütze.

Abt Wilhelm sagte: „Die kranken Brüder tröstete er väterlich und stand ihnen auf wunderbare Weise bei. Wenn er jemanden in einer schwierigen Situation wußte, ermahnte er ihn zur Geduld. Und wenn er es vermochte, dann tröstete er ihn" (Akten Toulouse, 18).

Bruder Stephan hatte eine abenteuerliche Berufungsgeschichte. Vielleicht mußte er auch deshalb als Novize viel kämpfen. Als er in Bologna studierte, hatte ihn Dominikus nämlich eines Abends rufen lassen und ihn einfach eingekleidet, obwohl sie vorher nie über einen Ordenseintritt gesprochen hatten (Akten Bologna, 36). „Bruder Dominikus war ein sehr guter und großer Tröster, wenn die Brüder oder andere Menschen mit Versuchungen zu kämpfen hatten. Ich habe es selbst erfahren. Denn als ich ihn kennenlernte, war ich Novize und vielen verschiedenen Versuchungen ausgesetzt. Doch durch seine Ermahnungen und Predigten empfing ich großen Trost. Genauso erging es vielen anderen Novizen, wie ich selbst von ihnen gehört habe" (Akten Bologna, 37).

Bruder Ventura sagte: „Wenn er unterwegs war und zu einem Ort kam, in dem es einen Konvent gab, ließ er die Brüder zusammenrufen und hielt ihnen eine Ansprache. Er legte ihnen das Wort Gottes aus und spendete ihnen reichen Trost" (4).

Die folgenden Zeugnisse machen deutlich, wie wichtig Dominikus die Ordensregel und die Konstitutionen waren. Sie bildeten die gemeinsame und für alle verbindliche Grundlage des Zusammenlebens. Beim Strafen scheint Dominikus nicht zimperlich gewesen zu sein. Trotzdem ging er auch hier stets diskret, maßvoll und gütig vor.

Bruder Rudolf sagte: „Wenn er einen Bruder sah, der in irgendeiner Sache fehlte, ging er vorüber, als habe er es nicht gesehen. Aber später sagte er mit freundlichem Gesicht und gütigen Worten: ‚Bruder, du hast schlecht gehandelt. Bekenne es mir.' Und mit wohlwollenden Worten führte er alle zur Beichte und Buße. Und wenn er ihre Verfehlungen dann mit demütigen und zugleich ernsten Worten bestrafte, so gingen doch alle getröstet von ihm weg" (Akten Bologna, 32).

Bruder Johannes sagte: „Brüder, die gesündigt hatten, bestrafte er, wie es die Regel vorschreibt. Dennoch hatte er Mitleid mit ihnen und es schmerzte ihn sehr, wenn er jemand wegen einer Schuld bestrafen mußte" (25).

Bruder Paul sagte: „Was ihn selbst betraf, so hielt er die Regel streng und genau ein. Er ermahnte auch die Brüder und befahl ihnen, die Regel vollständig zu befolgen. Streng bestrafte er die, die davon abwichen. Dennoch tadelte er sie mit solcher Geduld und so wohlwollenden Worten, daß keiner durch diese Zurechtweisung aufgebracht oder verwirrt wurde" (43).

Bruder Frugerius sagte: „Sommers wie winters trug er dieselbe Tunika. Er liebte die Armut und ermahnte auch seine Brüder dazu. (…) Wenn er einem Bruder mit tadelnswerten Kleidern begegnete, sei es daß sie zu kostbar erschienen, sei es daß sie auffällig geschnitten waren, wies er ihn sogleich zurecht" (Akten Bologna, 47).

Wenn Dominikus seinen Brüdern Aufträge gab, ließ er sich nicht durch ihre Ausreden oder ihre Ängste beirren. Vielmehr machte er ihnen Mut, seinen Anweisungen zu folgen und unterstützte sie mit seinem Gebet.

Bruder Buonvisu sagte: „Als ich in Bologna Novize war und noch keine Erfahrung im Predigen hatte, weil ich noch nicht Theologie studiert hatte, befahl mir Bruder Dominikus nach Piacenza zu gehen und dort zu predigen. Als ich mich mit meiner Unerfahrenheit herausreden wollte, erklärte er mir mit liebenswürdigen Worten, daß ich zu gehen habe. Und er sagte: ‚Geh ruhig, denn der Herr wird mit dir sein und dir die Worte der Predigt in den Mund legen.' Ich gehorchte, ging nach Piacenza und predigte dort. Und der Herr verlieh mir eine solche Predigtgnade, daß auf meine Predigten hin drei Brüder in den Orden eintraten" (24). „Novize" ist hier nicht im heutigen Sinn zu verstehen, da die Brüder sofort die ewige Profeß ablegten und auch sehr schnell zu Priestern geweiht werden konnten. Als Novize bezeichnete man lediglich einen Bruder, der dem Orden noch nicht lange angehörte. Wahrscheinlich hatte man Buovisu, der zur Zeit seines Eintritts ein reifer Mann und Doktor des Kirchenrechts war, bereits zum Priester geweiht. Falls er zum besagten Zeitpunkt wirklich noch Laie gewesen sein sollte, war ihm natürlich nur die Sittenpredigt erlaubt.

Ähnlich wie Bounvisu erging es Petrus Seilhan. „Als der selige Vater Dominikus die Brüder aussandte, bestimmte er Bruder Petrus Seilhan für Limoges. Ich habe es von ihm selbst gehört, denn ich habe in seine Hände Profeß abgelegt. Als jener nun auf seine Unwissenheit und seinen Mangel an Büchern aufmerksam machte – denn er besaß nur einen schmalen Band mit Predigten Gregors des Großen, sagte ihm Dominikus: ‚Geh nur, mein Sohn, geh voll Vertrauen. Jeden Tag

werde ich dich zweimal vor Gott bringen. Und zweifle nicht daran: Du
wirst viele für Gott gewinnen und große Frucht bringen.' Kurz danach
kam er nach Limoges und wurde vom Bischof und seinem Domkapitel
wohlwollend aufgenommen. Er erhielt ein Haus und reichte vielen das
Ordenskleid" (Salagnac-Guy, I, 8).

„Unsere geliebten Söhne" – im Dienst der Päpste

Dominikus und Innozenz III. – die gemeinsame Vision

Papst Gregor IX., der frühere Kardinal Hugolino, sagte einige Jahre nach dem Tod seines Freundes Dominikus, er habe diesen „als einen Mann kennengelernt, der die gesamte apostolische Lebensregel befolgte". Unter „apostolischer Lebensregel" oder Lebensweise konnte man an der Wende vom 12. zum 13. Jahrhundert zwei sehr verschiedene Dinge verstehen. Gemäß der althergebrachten, seit der Spätantike tradierten Auffassung bestand das „apostolische Leben" in der Gebets- und Gütergemeinschaft des Klosters. Das biblische Vorbild war die von Lukas in der Apostelgeschichte beschriebene Urgemeinde. Viele Ordensregeln nahmen ausdrücklich auf dieses Ideal Bezug. So greift beispielsweise die Augustinusregel gleich zu Beginn das lukanische Wort vom „ein Herz und eine Seele sein" auf und stellt es den Brüdern als Zweck ihres gemeinsamen Lebens vor Augen. Einen weiteren integralen Bestandteil des so verstandenen „apostolischen Lebens" bildete für die Mönche im engeren Sinne, also für Ordensleute, die nach der Benediktregel lebten, die Handarbeit. Als das große Vorbild hierfür galt der Apostel Paulus. Neben diesem ganz von der klösterlichen Lebenswelt geprägten Verständnis hatte sich im Gefolge der gregoriani- schen Reform und der Kreuzzüge jedoch eine

> **Gregorianische Reform**: Nach Gregor VII. (1073– 1085) benannte vielgestaltige Reformbewegung, die zwischen 1050–1150 weite Kreise der Bevölkerung und des Klerus erfaßte.

neue Sicht des „apostolischen Lebens" herausgebildet. Das Augenmerk galt nun nicht länger der klösterlichen Gebets-, Arbeits- und Gütergemeinschaft, als vielmehr der Verkündigung des Evangeliums und der freiwillig übernommenen Armut. Angeregt von wachsenden sozialen Mißständen, die der wirtschaftliche Aufschwung jener Zeit auch mit sich brachte, aber mehr noch von den Forderungen der gregorianischen Reform nach einem armen, dem Evangelium gemäßen Leben der Kleriker hatte sich bereits Mitte des 12. Jahrhunderts eine breite Armutsbewegung gebildet. Freiwillige wie unfreiwillige Armut galten nun gleichermaßen als privilegierter Weg der Christusnachfolge. Zu dieser Entwicklung hatten sicher auch die heimgekehrten Kreuzfahrer oder andere Pilger ins Heilige Land beigetragen, die ihrer Heimat ein anschauliches Bild des armen Christus vor Augen stellten. Deren jahrelange unstete Lebensweise sowie ein verstärktes Interesse an der Bibel trugen zur zweiten Komponente der neuen Auffassung vom „apostolischen Leben" bei, nämlich der Glaubensverkündigung in Form der Wanderpredigt. Im Laufe des 12. Jahrhunderts trat eine ganze Reihe charismatischer Wanderprediger auf, die das neue Ideal zusammen mit ihrer zahlreichen Anhängerschaft verkörperten. Einige von ihnen, wie Tanchelm († 1115), Peter von Bruys († 1126), Heinrich von „Lausanne" († nach 1145) oder ihr berühmtester Vertreter Waldes, gerieten mit der Kirche immer mehr in Konflikt und wählten zuletzt den Weg in Schisma und Häresie. Andere hingegen verblieben im Schoß der Kirche und konnten ihr wertvolle Reformimpulse vermitteln, so zum Beispiel Gerhoh von Reichersberg (1092/93–1169), Fulko von Neuilly († 1201), Robert von Arbrissel († 1116), oder Norbert von Xanten, der Gründer der Prämonstratenser († 1134). Gerade das Leben der beiden letztgenannten Wanderprediger zeigt jedoch das Beharrungsvermögen, oder positiver formuliert, die bleibende Kraft der traditionellen Auffassung vom „apostolischen Leben". Sowohl Norbert von Xanten als auch Robert von Arbrissel gaben schließlich das unstete Leben als Wanderprediger auf und gründeten für sich und ihre buntgemischte Anhängerschaft fernab dem Trubel der Städte klassische Klöster. Obwohl die Prämonstratenser weiterhin wichtige Aufgaben für Kirche und Gesellschaft wahrnahmen, kam doch die ursprüngliche Dynamik der Verkündigung zum Erliegen.

Wenn Gregor IX. über Dominikus im Rückblick sagen konnte, er habe „die gesamte apostolische Lebensregel befolgt", so wollte er damit vielleicht auch ausdrücken, daß es Dominikus mit seiner Ordensgründung gelungen war, die beiden Ideale des „apostolischen Lebens" bleibend miteinander in Einklang zu bringen. Die neue von Dominikus gestiftete Synthese aus klösterlichem Gemeinschaftsleben und Glaubensverkündigung in evangelischer Armut wäre jedoch ohne Zustimmung und Förderung durch die *apostolische* Autorität der Päpste nicht denkbar gewesen. Letztlich war es die *apostolische* Vollmacht eines Innozenz oder Honorius, die eine kirchenrechtlich so folgenreiche Ordensgründung mit weltweitem Predigtauftrag ermöglichte. Auch in der guten und vertrauensvollen Zusammenarbeit mit diesen beiden Nachfolgern des Apostels Petrus bewies Dominikus, daß er die „gesamte apostolische Lebensregel befolgte".

In Innozenz III. (1160/61–1216, Pontifikat ab 1198) war Dominikus auf einen Papst getroffen, der nicht nur große politische Pläne verfolgte. Innozenz schwebte auch eine umfassende Erneuerung der Kirche aus der Kraft des Evangeliums vor Augen. Bereits als junger Kardinal hatte er in seiner Schrift „Über den elenden Zustand des Menschen" (1194/95) gezeigt, daß er dem Reformgedanken innerlich anhing. Eine symbolische Handlung, die er während seines Pontifikates vornahm, verdeutlichte seine Haltung noch mehr. „Im Februar 1207, gerade als die neue Predigtweise im Languedoc in vollem Gange war, legte er die kostbaren Purpurkleider und Pelze mit ihren goldenen und silbernen Verbrämungen, die noch an den Prunk der byzantinischen Kaiser erinnerten, ab und zog ein ‚religiöses' Gewand an, das heißt ein gewöhnliches Wollkleid mit Schafpelz" (Koudelka, S. 39). Das Interesse, das Innozenz an einer Wiederversöhnung der teils schismatischen, teils häretischen Wanderprediger zeigte, war echt. Es ging ihm nicht etwa nur darum, sie als Gefahrenquelle für die Kirche auszuschalten. Vielmehr versprach sich Innozenz von ihrer Einbindung durchaus eine positive Wirkung für die Kirche.

Simon Tugwells Theorie, nach der Innozenz III. den entscheidenden Anstoß zur Gründung des weltweiten Predigerordens gegeben haben könnte, ist daher nicht zu weit hergeholt. Als Dominikus ihn zusammen mit Bischof Fulko in Rom aufsuchte, stand Innozenz kurz vor dem Vierten Laterankonzil, mit dem er sein umfassendes Reformvorhaben besiegeln wollte. Eines der wesentlichen Ergebnisse des Konzils war die Aufforderung an die Bischöfe, in ihren Diözesen Prediger zur Glaubensverkündigung zu bestellen, eine Anweisung, die auf Innozenz zurückgehen dürfte. Längst hatte der Papst erkannt, wie wichtig die Glaubensverkündigung im Kampf gegen die Häresien, aber auch für den inneren Zusammenhalt der Kirche war. Die aus häretischen oder schismatischen Gruppierungen hervorgegangenen neuen Bewegungen der Katholischen Armen, der Humiliaten und Lombardischen Armen konnten diese Aufgabe jedoch nur unzureichend wahrnehmen. Denn erstens bestanden sie überwiegend aus Laien, denen die Predigt über Glaubensinhalte nicht gestattet war. Überdies genossen sie keineswegs das Vertrauen der Ortsbischöfe. Einem Klerikerorden unter der Führung des stets kirchentreuen Kanonikers Dominikus könnte Innozenz mehr zugetraut haben. Dominikus wiederum dürfte anläßlich seines Romaufenthalts klargeworden sein, daß Innozenz und das Vierte Laterankonzil etwas forderten, das er selbst schon längere Zeit praktiziert hatte, nämlich die überdiözesane Glaubensverkündigung. In mehreren Gesprächen könnten Innozenz und Dominikus so eine gemeinsame Vision von einem weltweit agierenden Predigerorden entwickelt haben. Dominikus zeigte sich dabei offen für die Ideen des Papstes und ließ sich ganz von ihm in Dienst nehmen.

Dominikus und Honorius III. – Unterstützung durch Bullen und Briefe

Trotz der geglückten Zusammenarbeit mit den Päpsten Innozenz und Honorius, sowie mit den Bischöfen Diego und Fulko, trotz der Inspiration und Unterstützung, die er von ihnen allen empfing – ohne Dominikus wäre der neue Orden in dieser Form niemals ins Dasein getreten. Zurecht wurden die Predigerbrüder bereits im Spätmittelalter umgangssprachlich als „Dominikaner", und eben nicht als „Innozentianer" oder „Honorianer", bezeichnet. Ohne die Zähigkeit, die Treue und den Durchhaltewillen des Dominikus, den er vor allem nach Innozenz' Tod und der Wahl von Honorius bewies, aber ebensowenig ohne seine Kreativität und seinen Mut bei der Aussendung der Brüder wäre der Predigerorden nie entstanden. Bereits in den Akten zum Heiligsprechungsprozeß wird Dominikus darum von seinen Brüdern immer wieder ehrfurchtsvoll „Vater" genannt, eine Bezeichnung, die schließlich auch in die liturgische Tradition des Ordens Eingang fand.

Nachdem Dominikus die Anfangsschwierigkeiten mit dem neuen Papst einmal überwunden und ihn mit tatkräftiger Hilfe wichtiger Kurienmitarbeiter wie des Leiters der päpstlichen Kanzlei Wilhelm von Modena oder des Kardinals Hugolino für seine Vision gewonnen hatte, gewährte ihm Honorius großzügige Hilfe. Dies bezeugen die zahlreichen Empfehlungsschreiben und Mandate, die Dominikus von der päpstlichen Kanzlei erhielt. Besonders die Schreiben, in denen sich der Papst bei der Universität von Paris, bei der Bevölkerung von Madrid und Segovia sowie bei der Stadtregierung von Bologna für die Unterstützung der Predigerbrüder bedankt (Urkundenbuch, 115–119), schlagen einen sehr herzlichen Ton an. Aber auch die wichtigen Empfehlungsschreiben *Si personas religiosas* (Wenn ihr Ordensleute), *Dilecti filii* (Die geliebten Söhne) und *Cum qui recipit prophetam* (Wer einen Propheten aufnimmt) aus den Jahren 1219 und 1221 lassen in ihren Formulierungen etwas von der echten Zuneigung des Papstes zu Dominikus und seinen Brüdern erahnen (siehe Anhang, S. 138 ff.).

Dominikus zeigte sich im Einsatz der von ihm erbetenen päpstlichen Schreiben äußerst geschickt, oft sind sie genau auf die Bedürfnisse der jeweils damit entsandten oder darin genannten Brüder zugeschnitten. Gleichzeitig übten die Bullen aber eine noch weit wichtigere Funktion aus. Sie dienten gleichsam der Selbstvergewisserung der jungen Gründung. Denn Dominikus ließ in den Schreiben sowohl die Aufgabe des Ordens, als auch die Art und Weise ihrer Durchführung definieren. Schon die erste wichtige Bulle, die Dominikus im Januar des Jahres 1217 erhielt, ist ein eindrucksvoller Beleg für diese Funktion. In letzter Minute wurde, sicher auf Betreiben des Dominikus, das Wort „predigend" durch „Prediger" ersetzt. Die Bulle sollte somit erstmals verdeutlichen, wie sich die Brüder selbst verstanden: eben nicht nur als zeitweise mit dem Predigtamt Beauftragte, sondern als Ordensmänner, deren bleibende Hauptaufgabe die Verkündigung darstellte. Ebenso diente die Bulle „Dilecti filii" mehr der Selbstvergewisserung, denn der Verbreitung des Ordens in neuen Gebieten. Zwei Abschriften der Bulle wurden niemals für eine Neugründung verwendet, stattdessen ließ sie Dominikus in den beiden Ordenszentren Paris und Bologna hinterlegen (Tugwell, 1995, S. 45). Vor dem ersten Generalkapitel (1220) sollte der Text dieser Bulle den Brüdern noch einmal vor Augen führen, zu welchem Zweck er den Orden gegründet hatte. Die Bulle gab gleichsam den Rahmen für die nun gemeinsam zu schaffende Gesetzgebung vor.

Allein die eben geschilderte Zusammenarbeit mit der päpstlichen Kanzlei zeigt, wie klug Dominikus die Verbreitung und innere Festigung seines Ordens plante. Er hatte offenbar stets klare Vorstellungen über Sinn und Zweck seiner Gründung und verfolgte seine Ziele beharrlich und ausdauernd. Jegliches Schwärmertum scheint ihm fremd gewesen zu sein. Im Vergleich zu seinem Zeitgenossen Franziskus, der immer wieder mit seinen Brüdern um die Erfüllung eines letztlich unerreichbaren Armutsideals rang und ihnen auch die Mitnahme päpstlicher Empfehlungsschreiben strikt verbot, wirkt Dominikus beinahe wie ein kühler Realist. Doch der Realismus des hl. Dominikus war nicht kühl, vielmehr entzündete er sich an der Glut seines Gebetes und seiner Askese. Durch Gebet und Askese hatte sich Dominikus einen ungetrübten Blick auf die Wirklichkeit, für das Mögliche ebenso wie für das Notwendige erworben. Da sein Realismus in tiefem Gottvertrauen wurzelte, schloß er auch riskante Unternehmungen nicht aus und blieb offen für unvorhergesehene Aufgaben, die ihm Honorius III. immer wieder übertrug. Zu diesen Diensten gehört die Reform der römischen Nonnen, sein Engagement bei der von ihm geleiteten Predigtkampagne der sechs Ordensmänner in Mailand sowie die Aussendung einer Brüdergruppe zur Häretikerbekämpfung im spanischen Tarragona. Zur Teilnahme an einer vom Papst geplanten großangelegten Baltenmission sollte es nicht mehr kommen, da Dominikus völlig unerwartet im August des Jahres 1221 verstarb.

„Von Anfang an zur Predigt und zum Heil der Seelen gegründet" – Gesetzgeber und Ordensgründer

Die Diskussion um die Wahl der Augustinusregel

Der Wahl der Augustinusregel wurde in der Ordensgeschichtsschreibung des 20. Jahrhunderts große Bedeutung zugemessen. Denn je nach Interpretation dieses Vorgangs aus dem Jahre 1216 ergibt sich ein bestimmtes Ideal vom dominikanischen Ordensleben. Als besonders einflußreich erwies sich dabei eine Deutung, die in der Übernahme der Augustinusregel durch die kleine Predigergemeinschaft in Toulouse lediglich eine Notlösung erblickte. Eigentlich habe Dominikus eine eigene Regel für seinen Orden verfassen wollen, dies sei ihm jedoch von Papst Innozenz untersagt worden. Innozenz habe ihm stattdessen aufgetragen, eine bereits approbierte Regel zu wählen. In diesem Zusammenhang wird gerne auf das 13. Kapitel des Vierten Laterankonzils verwiesen, das Ordensgründungen mit neuen Regeln untersagte. Vladimir Koudelka hält zwar richtig fest, daß dieses Verbot nicht für Dominikus gelten konnte, da er ja noch vor dem Konzil mit Innozenz zusammentraf. Dennoch spricht auch er davon, daß der Papst Dominikus mit der Verweigerung einer eigenen Regel „einen Strich durch die Pläne" gemacht habe. Daß sich die Brüder in Toulouse schließlich für die Augustinusregel entschieden, kann Koudelka folgerichtig nur als Notlösung ansehen. „Sie übernehmen die Augustinusregel nicht wegen dem, was sie enthält, sondern wegen dem, was sie aufgrund ihrer Allgemeinheit nicht enthält. So konnten sie in den Satzungen, die zur Regel hinzukamen, das Ziel ihres Ordens und die neuen Mittel zu diesem Zweck festlegen, ohne in Widerspruch zur genannten Regel zu geraten" (Koudelka, S. 18).

Der Begründer und zugleich einflußreichste Vertreter der These, daß Dominikus ursprünglich eine eigene Regel erstellen wollte und dann auf Druck des Papstes zur der des Augustinus greifen mußte, war

Heribert Christian Scheeben. Zwar sind ähnliche Vorstellungen bereits im 13. Jahrhundert vereinzelt nachweisbar. Doch Scheeben fügte sie in seinem Dominikusbuch erstmals zu einer ideologisch aufgelade-

HERIBERT CHRISTIAN SCHEEBEN, *Der Heilige Dominikus,* 1927 (Kurztitel = **Scheeben**).

nen und äußerst wirkmächtigen Theorie zusammen. Laut Scheeben plante Dominikus mit seiner Gründung etwas völlig Neues, eine Art Institut freier Kleriker, das mit allen bisherigen monastischen Traditionen brechen sollte. Für dieses „eminent moderne Werk", den „Predigerverein" hätte die von Innozenz aufgedrängte althergebrachte Augustinusregel letztlich eine „Zwangsjacke" und ein „Bleigewicht" dargestellt (Scheeben, S. 186). Seit ihrer Annahme habe „die Tragik im Leben des hl. Dominikus", aber auch „der Kampf der apostolischen Idee mit der traditionellen Ordensform" begonnen (S. 397). Die provokante These des Ex-Dominikaners Scheeben läßt sich am besten im Kontext ihrer Entstehung verstehen. Nachdem die Säkularisation den Orden in fast allen europäischen Ländern beinahe ausgelöscht hätte, war es in der zweiten Hälfte des 19. Jahrhundert zu einem neuerlichen Aufschwung des dominikanischen Lebens gekommen. In den neugegründeten Konventen und Provinzen, besonders in Frankreich, stellte sich nun zunehmend die Frage, nach welchem Ideal man leben sollte. Bedeutete dominikanisches Leben eher die Einhaltung klösterlicher Disziplin mit Gebet und Askese, oder eher Seelsorge und Verkündigung? In diesem Streit um einen falschen und konstruierten Gegensatz ergriff Scheeben vehement Partei für die zweite Meinung. Aus diesem Grund versuchte er in seinem Dominikusbuch, die Bedeutung des traditionellen Ordensleben für Dominikus selbst herunterzuspielen, ja zu diskreditieren. Trotz ihrer Unhaltbarkeit fand seine These, die letztlich auf einem Mißverständnis des Begriffs „apostolisch" beruht, im 20. Jahrhundert zahlreiche Anhänger.

Eine gänzlich andere Interpretation lieferte Marie-Humbert Vicaire. In der Übernahme der äußerst knappen Augustinusregel, die nach dem Vorbild anderer Ordensgemeinschaften durch ein eigenes Regelwerk, die sogenannten Konstitutionen, ergänzt werden konnte, sah er keine

Schwierigkeit. Im Gegenteil, in den Augen Vicaires hatten die Prediger im Languedoc schon lange vor dem Jahr 1216 wie „Augustiner ohne Regel" gelebt (Vicaire, 1984, S. 31). Die Wahl der Regel stellte für ihn deshalb eine bloße Formsache dar. Einen Anhaltspunkt für die Richtigkeit dieser Deutung liefert Jordan, wenn er berichtet, daß sich die Predigergemeinschaft nach dem Gelübde des Petrus Seilhan und der Schenkung seines Hauses an Dominikus im Jahre 1215 „mehr und mehr der Lebensweise von Ordensleuten anglich" (Libellus, 38). Richtig interpretierte Vicaire auch die Begegnung zwischen Dominikus und Innozenz. Laut Jordan erbat Dominikus mitnichten eine eigene Regel oder die Erlaubnis für einen großartigen Neuaufbruch. Vielmehr war er nach Rom gekommen, um sich das bisher Erreichte *bestätigen (confirmare)* zu lassen. Die bereits bestehende feste Organisation von Predigern sollte kraft päpstlicher Autorität jetzt noch größere Stabilität erhalten (Vicaire II, S. 13–14). Zwar geht Vicaire zuwenig auf die Bedeutung Innozenz' III. im folgenden Geschehen ein, er erkennt jedoch klar, daß Dominikus von der Antwort des Papstes keineswegs enttäuscht wurde. Am wenigsten dürfte ihn die Anweisung, eine bereits bestehende Regel zu wählen, getroffen haben. „Dominikus konnte aufatmen. Er erriet schon, was für eine Regel gewählt würde: selbstverständlich die des hl. Augustinus, nach der er selbst seit fast zwanzig Jahren lebte" (Vicaire, II, S. 25). Zieht man zusätzlich in Betracht, daß Miguel de Ucero und der andere Dominikus mit Sicherheit, möglicherweise aber auch Maméz und Gomez bis dahin Kanoniker von Osma waren, so lag die Wahl der Augustinusregel schlichtweg nahe. Trotzdem dürfte die Adaption der neuen Regel, vor allem aber ihre Erweiterung durch die Konstitutionen der Prämonstratenser, nicht so problemlos vonstatten gegangen sein, wie Vicaire glauben macht. Für sechzehn Brüder an zwei Standorten (Prouille und Toulouse), von denen sich zudem ein großer Teil ständig auf Predigtreise befand, war die Einhaltung des gemeinsamen Chorgebets und der strengen Askese fast unmöglich. In den ersten Jahren des jungen Ordens beschrieb die um die Prämonstratenserkonstitutionen ergänzte Augustinusregel daher weniger den Ist-Zustand, als vielmehr ein Ideal. Dieses Ideal, das bei ausreichender Brüderzahl später einmal gelebt werden sollte, ist das stärkste Argument gegen Scheebens These. Wenn Dominikus schon über die ihm angeblich aufgedrängte Augustinusregel so unglücklich gewesen sein soll, wieso ergänzte er sie dann ausgerechnet um die strengen Konstitutionen der Prämonstratenser?

„Apostolisches Leben" bedeutete für den langjährigen regulierten Kanoniker Dominikus niemals ausschließlich Verkündigung und Seelsorge. Mindestens ebenso wichtig waren ihm klösterliche Disziplin und geordnetes Gemeinschaftsleben. Daß diese beiden Komponenten der „apostolischen Lebensweise" auch bei einer genügenden Anzahl von Brüdern nicht immer und ohne weiteres miteinander vereinbar waren, wußte Dominikus selbst. Der zweite Teil der Konstitutionen, der auf dem ersten Generalkapitel zu erstellen war, sollte hier Abhilfe schaffen. Durch die erweiterten Satzungen wurde nämlich ein im bisherigen Ordensrecht neues Dispenswesen eingeführt, das den Oberen erlaubte, bestimmte Mitbrüder aus Rücksicht auf die Predigttätigkeit oder das Studium vom gemeinsamen Chorgebet und anderen Verpflichtungen zu befreien (Älteste Konstitutionen, Prolog).

Generalkapitel und Konstitutionen

Am 20. Mai 1220 begann in Bologna das erste Generalkapitel des Ordens. Jordan berichtet, Dominikus habe zu dieser Versammlung vier Brüder aus Paris angefordert. Daß Jordan selbst dieser Delegation angehörte, zeugt von dem hohen Ansehen, das er bei den Pariser Brüdern genoß. Obgleich er kaum zwei Monate im Orden lebte, wählten sie ihn bereits zu ihrem Abgesandten. Neben einigen Brüdern, die der Konvent von Bologna als Delegierte bestimmt hatte, trafen mit hoher Wahrscheinlichkeit auch Abordnungen aus Toulouse und Segovia zum Kapitel ein. Zu Beginn der Beratungen wartete eine Überraschung auf die Brüder: Dominikus bat sie, seinen Rücktritt als Haupt des Ordens anzunehmen. Nach dem Zeugnis Bruder Rudolfs sagte er zu ihnen: „Ich bin es wert abgesetzt zu werden, denn ich bin nutzlos und erschöpft." Und Rudolf

setzte hinzu: „Und er verdemütigte sich vor allen" (Akten Bologna, 33).
Die Bitte zurücktreten zu dürfen war jedoch mehr als eine bloße Demutsgeste. Dominikus muß sich zu dieser Zeit wirklich sehr müde gefühlt
haben. Überdies plante er noch immer, in die Mission zu gehen, auch
wenn ihn seine Verpflichtung für die Nonnen in San Sisto derzeit daran
hinderte. Die Brüder wußten sehr wohl um seine Sehnsucht nach der
Heidenmission, denn Dominikus hatte oft mit ihnen darüber gesprochen. Zum gegenwärtigen Zeitpunkt konnten sie jedoch unmöglich auf
ihn verzichten. Noch immer war seine Person der Garant für die Einheit
der einzelnen, über ganz Europa zerstreuten Konvente. Überdies gab
es seit Reginalds Tod keinen Mitbruder, der Dominikus hätte ersetzen
können. Die Brüder lehnten sein Gesuch ab und wählten ihn stattdessen
zum Ordensmeister *(Magister ordinis)*. Diese Wahl bekräftigte nicht nur
den Titel, den das Oberhaupt des Gesamtordens von nun an tragen sollte.
Sie brachte auch einen wichtigen Fortschritt für die kirchenrechtliche
Eigenständigkeit des Ordens mit sich. Bis jetzt war Dominikus durch ein
päpstliches Mandat zur Leitung des Ordens autorisiert gewesen, da ihn
die Bulle *Dilecti filii* als „Prior der Predigerbrüder" bezeichnet hatte. Auf
dem Generalkapitel legte Dominikus dieses ihm vom Papst übertragene
Amt nun nieder, um gleich darauf von seinen Brüdern zum Magister
gewählt zu werden. Mit diesem Schritt hatte der Orden endgültig seine
kirchenrechtliche Selbständigkeit erlangt, denn die Brüder hatten sich
nun selbst ihr Oberhaupt gewählt. Wahrscheinlich waren es auch die
Mitbrüder, die sich für den Titel *Magister* aussprachen. Wie Franziskus
hatte Dominikus ursprünglich den vom Evangelium verbotenen Titel
Magister (Mt 23,10) vermeiden wollen und sich während seiner Zeit im
Languedoc selbst als *praedicationis humilis minister,* also als„ demütiger *Diener der Predigt"* bezeichnet. Doch schon vor dem Generalkapitel hatte er es hingenommen, wenn ihn andere Personen in Urkunden
als „Magister" oder als „Prior" des Ordens bezeichneten. Letztlich maß
Dominikus Titeln an sich keine Bedeutung zu, ihm kam es vielmehr auf
die damit bezeichnete Aufgabe der Leitung und der Verantwortung für
den Gesamtorden an. Diese Funktionen brachte aus Sicht der Brüder der

Titel „Magister" am besten zum Ausdruck. Zur damaligen Zeit zeigte er nämlich sowohl im akademischen Bereich, als auch auf dem Gebiet des Handwerks und der Kunst die Befähigung zum Lehren und Leiten an. Wie wenig Dominikus sein Rücktrittsgesuch vor den Brüdern als eine bloß vordergründige Demutsgeste verstand, macht ein Vergleich mit Franziskus deutlich, der auf einem Kapitel der Minderbrüder ähnlich handelte. Nach einem Bericht des Franziskaners Thomas von Celano legte Franziskus sein Leitungsamt öffentlich vor den Brüdern nieder. Doch schon im nächsten Atemzug setzte er Petrus Catani als ihren neuen Oberen ein. Als Petrus ein Jahr später verstarb, ernannte Franziskus sogleich dessen Nachfolger, Bruder Elias. Offensichtlich hatte Franziskus also

THOMAS DE CELANO, *Legenda S. Francisci,* in: *Analecta Franciscana* X, Florenz-Quaracchi 1926, (2, 143) S. 212 und (1, 98), S. 75.

trotz seines „Rücktritts" die volle Entscheidungsgewalt über den Orden behalten. Dominikus verhielt sich sehr viel konsequenter. Nachdem ihn die am Kapitel teilnehmenden Brüder zum Magister bestellt hatten, entschied er als erstes, daß sie nun sogenannte Definitoren wählen sollten. Dieses Amt, mit dem eine besondere Entscheidungsgewalt verbunden war, hatte sich ursprünglich auf den Generalkapiteln der Zisterzienser entwickelt, um den Ablauf der Beratungen zu erleichtern. Im Vergleich zu den Zisterziensern weitete Dominikus die Kompetenzen der Definitoren jedoch beträchtlich aus (Tugwell, 2001, S. 12–17). Bruder Rudolf berichtet: „Und als die Brüder ihn nicht absetzen wollten, gefiel es dem Bruder Dominikus, daß Definitoren bestimmt würden. Diese sollten sowohl über ihn, als auch über die anderen, sowie über das ganze Kapitel Vollmacht haben. Sie konnten Urteile fällen, Beschlüsse fassen und Anordnungen treffen, solange das Kapitel dauerte" (Akten Bologna, 33). In den ältesten Konstitutionen, die nun entstehen sollten, ist sogar die Rede davon, daß die Definitoren den Ordensmeister bei Vergehen bestrafen und absetzen dürfen (Älteste Konstitutionen, 8). Dominikus ordnete sich seinen Mitbrüdern für die Dauer des Generalkapitels vollständig unter. Die anstehenden Entscheidungen über die innere Organisation des Ordens sollten von den Brüdern selbst getroffen werden. In der Stadt Bologna, deren

Universität europaweit in der Lehre des kirchlichen und weltlichen Rechts führend war, sollten in gemeinsamer Arbeit die Weichen für die zukünftige rechtliche Struktur des Ordens gestellt werden. Die Hauptaufgabe bildete dabei die Neufassung und Erweiterung der Konstitutionen. Bisher bestanden diese lediglich aus Auszügen der prämonstratensischen Gebräuche, die das klösterliche Zusammenleben regelten. Die Brüder hatten sie im Jahr 1216 in Toulouse für ihre Gemeinschaft übernommen. Doch schon damals war ihnen bewußt gewesen, daß diese Auszüge für ihren neuartigen Orden nicht genügen konnten. Deshalb hatten sie bereits zu dieser Zeit eine Inhaltsangabe dessen formuliert, was in einem zweiten, noch zu schaffenden Teil der Konstitutionen enthalten sein sollte, nämlich Anweisungen über die Provinz- und Generalkapitel sowie über das Studium und die Predigttätigkeit (Tugwell, 1995, S. 32–35). Diese sogenannte „zweite Distinktion" sollte das eigentümliche Ziel und die konkrete rechtliche Verfaßtheit des Predigerordens klarer zum Ausdruck bringen. Zu diesen wichtigen Fragen hatten Dominikus und seine ersten Brüder in Toulouse keine voreiligen Entscheidungen treffen wollen, da sie wußten, daß sich vieles erst in der Praxis bewähren mußte. Nachdem vier Jahre vergangen waren, in denen sie reichlich Erfahrung gesammelt hatten, konnte die Arbeit an den Konstitutionen nun beginnen.

In die erste, von den Prämonstratensern übernommene Distinktion fügten Dominikus und seine Brüder eine beeindruckende Erweiterung zur Ausbildung der Novizen ein, die in vielerlei Hinsicht an benediktinisches Gedankengut erinnert. Doch gerade in den letzten Zeilen kommt auch das dominikanische Ideal zum Vorschein. „Der Novizenmeister soll die Novizen lehren, die Demut des Herzens und des Leibes zu haben. Gemäß dem Grundsatz: ‚Lernt von mir, denn ich bin gütig und von Herzen demütig' (Mt 11, 29), soll er sich darum bemühen, sie darin zu unterrichten, oft, lauter und verständig zu beichten, ohne Eigentum zu leben, den eigenen Willen zugunsten des Willens des Oberen aufzugeben und in allem den freiwilligen Gehorsam zu beobachten. (…) Er soll sie auch darin unterrichten, wie und was sie beten sollen, und wie sie schweigend zu beten haben, damit sie die anderen nicht durch Geräusche stören. Außerdem soll er sie lehren, sofort um Verzeihung zu bitten, wenn sie irgendwo von einem Oberen getadelt werden, ferner sich nicht herauszunehmen, mit irgendjemandem zu streiten, sondern in allem ihrem Novizenmeister zu gehorchen; ferner sich bei Prozessionen im Kreuzgang an ihren Nebenmann zu halten und an verbotenen Orten oder zu verbotenen Zeiten nicht zu sprechen. Wenn sie von irgendjemandem ein Kleidungsstück erhalten, sollen sie sich tief verbeugen und sagen: ‚Gelobt sei Gott für seine Gaben.' Sie sollen niemanden gänzlich verurteilen. Wenn sie sehen, daß jemand etwas tut, sollen sie annehmen, daß es gut sei oder aus guter Absicht getan, selbst wenn es als schlecht erscheint. Denn das menschliche Urteil geht oft fehl. Der Novizenmeister soll sie auch lehren, wie im Kapitel oder überall sonst, wo sie zurechtgewiesen wurden, die *Venia* zu machen ist; daß sie häufig die körperliche Disziplin empfangen sollen;

Venia: Demutsgeste, bei der sich der Mönch zu Boden niederwirft. Wer nach einem Regelverstoß die *Venia* gemacht hatte, durfte nicht weiter getadelt werden.

daß sie über Abwesende nichts sprechen sollen, es sei denn Gutes; daß sie mit beiden Händen und im Sitzen trinken sollen; daß sie sorgfältig mit den Büchern und Kleidern und auch den anderen Dingen, die dem Kloster gehören, umgehen sollen; wie sie im Studium eifrig sein sollen, so daß sie Tag und Nacht, im Haus oder auf der Reise etwas lesen oder nachdenken und möglichst viel im Gedächtnis bewahren; wie sie glühend sein sollen im Predigen, wenn die Zeit dafür gekommen ist" (Älteste Konstitutionen, I, 13). Wie in der Benediktregel wurde bei der Novizenausbildung sehr viel Wert auf die Tugend der Demut gelegt, die sich sogar im äußeren Verhalten widerspiegeln sollte (die Venia, das bedächtige Trinken mit zwei Händen, die Verbeugung beim Kleiderempfang). Gänzlich neu war dagegen der Stellenwert des Studiums, dem sich schon die Novizen mit ganzer Hingabe zu widmen hatten. Bereits im Noviziat sollte auch Begeisterung für die Hauptaufgabe des Ordens geweckt werden, für Predigt und Verkündigung.

Die Verwirklichung dieses Hauptziels durfte durch nichts behindert werden. Deshalb führten Dominikus und seine Brüder in einer bis dahin unbekannten Weise die Möglichkeit der Dispens, also der Befreiung von gewissen klösterlichen Verpflichtungen, ein. „Allerdings soll der Obere in seinem Konvent die Vollmacht haben, die Brüder bisweilen zu dispensieren, wenn es ihm nützlich scheint, vor allem in den Dingen, die das Studium, das Predigen oder die Seelsorge zu behindern scheinen. Denn unser Orden ist bekanntlich von Anfang an besonders zur Predigt und zum Heil der Seelen gegründet worden. Und auch unser Studium muß hauptsächlich und mit leidenschaftlichem Eifer darauf gerichtet sein, daß wir den Seelen unserer Nächsten nützlich sein können" (Älteste Konstitutionen, Prolog). Die Dispensen stellten zwar keinen Freibrief für die Brüder dar, schließlich mußte der Obere je über ihre Notwendigkeit entscheiden. Er hatte auch darauf zu achten, daß stets eine genügend große Zahl von Brüdern das klösterliche Leben aufrecht erhielt. Trotzdem erleichterte das Dispensprinzip das Studium, die Seelsorge und die Predigttätigkeit ungemein.

Eine weitere wichtige Entscheidung des ersten Generalkapitels war die Einführung der Armut der Konvente. „Besitzungen oder regelmäßige Einkünfte aus Liegenschaften dürfen in keiner Weise angenommen werden" (Älteste Konstitutionen, II, 26). Diese Bestimmung fand sicher auf Dominikus' Wunsch hin Eingang in die Konstitutionen. Anläßlich seines Parisaufenthaltes hatte er die dortigen Brüder noch vergeblich von der Besitzlosigkeit der Konvente überzeugen wollen. Nun war es ihm offenbar gelungen, die Definitoren dafür zu gewinnen. Laut Jordan beschloß das Generalkapitel zudem, auf alle Besitzungen, über die der Orden im Languedoc verfügte, zu verzichten (Libellus, 87).

Auch die innere Struktur und rechtliche Verfaßtheit der Konvente, die die Grundeinheiten des Ordens bildeten, mußte geklärt und festgelegt werden. Dominikus war nicht erst seit seiner Wahl zum Ordensmeister das unumstrittene Haupt der Brüder. Doch auch auf Konventsebene mußte es eigene Obere geben. Sie trugen überall den Titel Prior, nur in Paris gab es einen Abt. Dies rührte daher, daß Dominikus bei der Aussendung der Brüder im Jahr 1217 einen Abt hatte wählen lassen, der zunächst das zukünftige „Mutterhaus" in Paris leiten sollte. Nach gegebener Zeit sollte er sich um die Gründung von anderen Konventen kümmern, die mit dem Pariser Haus zusammen einen Klosterverband bilden würden. Der Vorsteher dieses Verbandes sollte der Pariser Abt sein, es handelte sich also um einen Hausoberen, der zugleich für die ganze nordfranzösische Region zuständig war. In Bologna war die Entwicklung anders verlaufen. Da zunächst Reginald als Vikar des Dominikus, dann dieser selbst die Verantwortung für die italienische Region übernommen hatte, war der Abttitel dort nie eingeführt worden. Auf dem Generalkapitel beschlossen die Brüder deshalb, daß auch der Obere des Pariser Konvents von nun an Prior heißen solle. Damit war jedoch die eigentliche Schwierigkeit noch nicht gelöst. Wie sollte das Verhältnis zwischen den einzelnen Konventspriören und den jeweiligen regionalen Oberen geregelt werden? Diese Frage klärte das nächste Kapitel im folgenden Jahr, als die Brüder faktisch das Amt des Provinzials einführten (Libellus, 88).

Vgl. SIMON TUGWELL, *The evolution of dominican structures of government*, in: AFP 70 (2000) S. 5–109, hier S. 33–40.

An diesem Beispiel wird deutlich, daß die Konstitutionen nicht als starres, für immer unabänderliches Gesetzeswerk geplant waren. Im Gegenteil, die beständige Fortentwicklung war ihnen sogar als Prinzip eingeschrieben, denn auf jedem Generalkapitel konnten die Brüder sie den neuen Umständen und Erfahrungen anpassen. So entwickelten sich die Konstitutionen der Predigerbrüder schon nach wenigen Jahren zur einer derart praktikablen und bewährten Ordensverfassung, daß sie von vielen anderen Orden weitgehend übernommen wurden (Augustiner-Eremiten, Serviten, Sackbrüder). Nach dem Tod des hl. Franziskus organisierte die römische Kurie selbst die Minderbrüder gemäß dem Vorbild der Predigerkonstitutionen.

Sackbrüder: Die Angehörigen des um 1240 bei Marseille gegründeten „Ordens von der Buße Christi" wurden im Volksmund auch nach ihrem sackartigen Gewand benannt. Obwohl weit verbreitet, wurde der Orden vermutlich wegen Häresieverdacht 1274 aufgehoben.

Kluge Planung und Bereitschaft zum Risiko

Nachdem die inneren Strukturen in Grundzügen geklärt worden waren, konnten die Brüder auf dem zweiten Generalkapitel die weitere Ausdehnung des Ordens planen. Es begann am 2. Juni des Jahres 1221 und fand wiederum in Bologna statt. Das bisherige Vorgehen bei der Ausbreitung hatte sich als äußerst wirkungsvoll erwiesen. Durch die Konventsgründungen in den Universitätsstädten Paris und Bologna hatte der Orden binnen kurzer Zeit regen Zulauf von Studenten, ja selbst von Professoren erhalten. Die Neueingetretenen waren nicht nur jung und hochqualifiziert. Sie gehörten auch den verschiedensten europäischen Nationen an, eine Tatsache, die dem Orden schon früh einen internationalen Charakter verlieh.

Dominikus wollte diese erfolgreiche Politik fortsetzen. Als er im Laufe des Jahres 1220 davon erfuhr, daß an seinem alten Studienort Palencia eine Universität gegründet werden sollte, faßte er sofort den Plan, dort einen Konvent zu errichten. Auch in Oxford, der neben Paris und Bologna wichtigsten Universitätsstadt, gab es noch keine Niederlassung. Das zweite Generalkapitel beschloß darum, umgehend einen vollständigen Konvent nach England zu entsenden. Ein solcher mußte gemäß den Weisungen der Konstitutionen mindestens zwölf Brüder umfassen, einschließlich eines Priors und eines Lehrers der Theologie. Für die Mission nach Oxford hatte man überwiegend Engländer ausgewählt. Nach dem gleichen Prinzip war Dominikus schon bei der kleinen, im Mai 1220 nach Schweden entsandten Gruppe verfahren. Durch ihre Sprach- und Landeskenntnis sollten die Brüder sogleich Anschluß an die Bevölkerung finden, sowie gute Beziehungen zu den kirchlichen und weltlichen Autoritäten herstellen können. Auf dem zweiten Generalkapitel geriet auch Osteuropa ins Blickfeld der Brüder. Magister Paul von Ungarn erhielt den Auftrag, mit einer Gruppe in seine Heimat aufzubrechen. Bereits wenige Jahre später sollten die ungarischen Brüder von dort aus beginnen, die Kumanen zu missionieren. Ferner wurden Bruder Heinrich von Mähren und der hl. Hyazinth (Jacek) nach Polen entsandt. Vor allem Hyazinth, der wie Dominikus zuerst Kanoniker gewesen war, trug viel zur Verbreitung des Ordens in Osteuropa bei.

Diese Beispiele zeigen, daß Dominikus nicht nur bei der Erstellung der Konstitutionen Wert auf die Partizipation der Brüder legte. Auch bei der Durchführung schwieriger und ungewisser Missionen setzte er ganz auf ihre Kreativität und Eigenverantwortung. Das Vertrauen, das Dominikus in seine Brüder hatte, wurde selten enttäuscht. Nicht zuletzt dürfte dies an der großen Sicherheit gelegen haben, mit der er personelle Entscheidungen traf. Wohl am eindruckvollsten bewies er seine gute Menschenkenntnis im Falle Reginalds von Orleans. Ohne auch nur irgendeine Einführung ins Ordensleben erhalten zu haben, hatte ihm Dominikus die wichtige Aufgabe anvertraut, den gerade erst entstehenden Konvent von Bologna zu leiten. Der überwältigende Erfolg Reginalds gab ihm Recht. Kurz vor seinem Tod sollte Dominikus zusammen mit den Definitoren des zweiten Generalkapitels eine ähnlich wichtige Entscheidung treffen. Jordan von Sachsen, der dem Orden erst seit einem Jahr angehörte, wurde zum Provinzial der Lombardei mit ihrem Zentrum Bologna gewählt. Neben der Leitung der nordfranzösischen Region war dies die wichtigste Position im ganzen Orden. Gab Dominikus seine Verantwortung für die Lombardei deshalb ab, weil er schon in wenigen Monaten in die Mission nach Livland aufbrechen wollte? Oder ahnte er seinen baldigen Tod voraus, wie es Gerhard von Frachet überliefert (Leben der Brüder, II, 28)? Jordans Bestellung zum Provinzial der Lombardei sollte in jedem Fall weitreichende Folgen haben, denn er war dadurch in den engsten Kreis möglicher Nachfolger des Dominikus aufgerückt. Schon kurz nach dessen Tod wählten ihn die Brüder dann auch zum neuen Ordensmeister. Während seiner Amtszeit konnte Jordan dank seiner mitreißenden Predigten in den Universitätsstädten Europas Hunderte junger Männer für den Orden gewinnen und so zu dessen weiterer Festigung und Ausbreitung entscheidend beitragen.

„Apostolicus Dominicus" – synthetische Kraft

Nach einer alten Antiphon, die den liturgischen Traditionen der Franziskaner und der Dominikaner gemeinsam ist, trägt Franziskus den Beinamen *seraphicus,* Dominikus dagegen wird als *apostolicus* bezeichnet. Wie bereits erwähnt, hatte auch Papst Gregor IX., vormals Kardinal Hugolino, Dominikus mit diesem Prädikat charakterisiert. *Dominikus habe stets die gesamte apostolische Lebensregel befolgt.* Der von Gregor benutzte Ausdruck „die gesamte" könnte darauf hinweisen, daß Dominikus die beiden damals vorherrschenden Ideale des apostolischen Lebens in seiner Person, aber auch in seiner Ordensgründung vereinte. Zurecht nennt auch Vladimir Koudelka Dominikus einen „Mann der Synthese" (Koudelka, S. 62). Mit großem Feingefühl, aber auch mit eindrucksvoller gesetzgeberischer Kraft brachte Dominikus die eher kontemplative Komponente des klösterlichen Gemeinschaftslebens mit der eher aktiven Dimension von Verkündigung und Seelsorge in Einklang. Die genaue Form dieser Synthese verdient eine nähere Betrachtung. Denn sie bestand keineswegs einfachhin aus der Vereinigung von traditioneller klösterlicher Lebensform und einer Wanderpredigt in evangelischer Armut, wie sie etwa von den Katharern und Waldensern praktiziert wurde. Ein erster, oberflächlicher Blick scheint dies zwar nahezulegen, von Wanderpredigt im strengen Sinn kann jedoch bei Dominikus und seiner Ordensgründung keine Rede sein. Dominikus kannte weder ein Umherziehen um des bloßen Umherziehens willen, noch erblickte er in der Armut einen Wert an sich. Zwar legte auch er weite Strecken zu Fuß zurück, doch seine Reisen hatten stets ein bestimmtes Ziel, waren immer an eine genau umrissene Aufgabe gebunden. Auch seine ersten Brüder hatten sich an diese Vorgaben zu halten. Wie die ersten Konstitutionen es bezeugen, wurden nur ausgewählte Brüder zum Predigen entsandt. Der jeweilige Prior mußte dazu die Erlaubnis geben und nach Beendigung ihrer Mission hatten die Prediger unverzüglich in ihren Konvent zurückzukehren. Die klassische Wanderpredigt im Stile der Katharer und Waldenser spielte also keine,

oder nur eine sehr eingeschränkte Rolle im neu entstehenden Predigerorden. Viel wichtiger war die Verkündigung vor Ort, in den Städten, in
denen sich die Brüder niedergelassen und Konvente mit eigenen Kirchen
errichtet hatten. Die Gründung von Konventen in den großen Städten
und an den Universitäten war für Dominikus entscheidend, nicht das
rastlose Umherziehen durch die Lande. Die Synthese des Dominikus bestand nicht aus Kloster und Wanderpredigt, sondern aus klösterlichem
Leben und *Verkündigung*. Basis und Fundament der neuen Synthese
war das klösterliche Gemeinschaftsleben. Im Kloster wurde gebetet und
studiert. Die Verkündigungstätigkeit kam jedoch nicht einfach sekun-
där hinzu. Vielmehr gab sie dem Konventsleben von Anfang an das Ziel
vor, durchdrang es und prägte so eine ganz neue Lebensform. Hinzu
kam die freiwillig übernommene Armut, die jedoch nur als Mittel der
Verkündigung gesehen wurde. Die evangelische Armut sollte die Persönlichkeit der Prediger prägen, sie verschaffte ihnen aber auch Mobilität
sowie Überzeugungskraft beim Volk. Darüber hinaus gewährleistete sie
die Verbindung zur jeweiligen Stadtbevölkerung, von deren Gaben die
Brüder lebten. So wie die Klöster der Predigerbrüder nun in den großen
Städten statt wie früher in einsamer Abgeschiedenheit entstanden, so
ersetzten jetzt Studium, Predigt und Seelsorge die Handarbeit der alten
Klöster. Denn die Brüder lebten davon, was ihnen die Leute zum Dank
für ihre Verkündigungstätigkeit gaben. Das Betteln von Haus zu Haus
kam dabei nur sehr selten vor, auch in den Konstitutionen ist vom Betteln keine Rede. Es war auch gar nicht nötig, denn das neue Konzept war
erfolgreich. Die Menschen in den aufstrebenden Städten nahmen ihre
neuen, gut ausgebildeten Seelsorger dankbar auf und unterstützten sie
großzügig. Die noch erhaltenen großen mittelalterlichen Kirchen- und
Konventsbauten aus der zweiten Hälfte des 13. Jahrhunderts bezeugen
dies eindrucksvoll. Allein durch Betteln hätten sie nie entstehen können. Vor allem fromme Frauen fanden bei den Brüdern eine religiöse
Heimat und Nahrung für ihr geistliches Leben und schlossen sich in
zunächst noch losen Zirkeln im Umkreis der Predigerkonvente zusammen. Einige Jahrzehnte später sollten auch zahlreiche Bruderschaften

entstehen, aus denen sich ab dem 14. Jahrhundert der sogenannte „Dritte Orden" entwickelte. Die Häresien, die einst den Anstoß zur Ordensgründung gegeben hatten, wurden schließlich weniger durch die Tätigkeit der Inquisition überwunden, als durch die Katechesen und die überzeugende Lebensweise der Brüder.

Dominikus hatte seine

> Als Inquisitoren bestellte Gregor IX. vornehmlich Dominikaner, aber auch Franziskaner und Weltpriester. Während die Aufklärung ein bis heute verbreitetes Zerrbild der Inquisition entwarf, bieten neuere Forschungen eine viel differenziertere Sicht auf dieses rechtliche Verfahren und seine jeweilige geschichtliche Ausprägung.

neuartige Synthese nicht geschaffen, um sich selbst zu verwirklichen, oder um mit dieser Lebensform einer persönlicher Krise zu entkommen, sondern aus einer Haltung des Dienens heraus. Er hatte den Predigerorden gegründet, weil ihn die Kirche angesichts neuer sozialer, religiöser, aber auch intellektueller Herausforderungen schlichtweg brauchte. Gerade der Vergleich mit dem frühem Franziskanerorden verdeutlicht dabei das Revolutionäre seiner Gründung. Während Dominikus seine Brüder von Anfang an in die aufstrebenden Städte und an die großen Universitäten schickte und ihnen auftrug, allein von der Seelsorge zu leben, hingen Franziskus und viele seiner ersten Brüder noch lange eremitischen Idealen an, verrichteten Handarbeit zum Lebensunterhalt und zeigten sich gegenüber universitärer Bildung eher reserviert. Erst allmählich taten es die Minderbrüder den Predigern gleich. Das Verdienst, den ersten (im heutigen Sinne) „apostolischen Orden" gegründet zu haben, konnten sie Dominikus jedoch nicht mehr streitig machen. Da im Laufe der Kirchengeschichte zahlreiche weitere Gemeinschaften die Glaubensverkündigung zu ihrem Ziel erklärten, stellt das Neue, das der Predigerorden einst verkörperte, heute gar nichts Ungewöhnliches mehr dar. Aber noch immer unterscheidet sich die dominikanische Synthese gerade von den neuzeitlichen Orden darin, daß das Fundament der Verkündigung stets das klösterliche Leben und die Kontemplation bleibt.

„Lehrer der Wahrheit" – Studium und Predigt

Liebe zu Studium und Büchern

Gemäß dem Bericht Jordans hatte Dominikus schon in seiner Jugendzeit eifrig und begeistert studiert (Libellus, 6–7). In Palencia besaß er eigene Bücher, was für damalige Studenten beinahe einen Luxus darstellte. Auch aus seinem späteren Leben wird immer wieder berichtet, daß Dominikus Bücher mit sich führte. Gerhard von Frachet erzählt beispielsweise davon, daß sie ihm einmal in der Gegend von Toulouse beim Durchschreiten einer Furt in den Fluß fielen und davonschwammen. Wie durch ein Wunder hätte sie ein Angler drei Tage später völlig unbeschädigt aus dem Wasser gezogen und sie Dominikus zurückgesandt (Leben der Brüder, II, 4). Bruder Johannes berichtet, Dominikus habe stets das Matthäusevangelium und die Paulusbriefe bei sich getragen und sich so oft in sie versenkt, daß er sie fast auswendig wußte (Akten Bologna, 29). Laut Bruder Buonvisu las er auch dann, wenn er krank darniederlag, oder er ließ sich vorlesen (22).

Nicht nur für sich persönlich war Dominikus davon überzeugt, daß ein guter Prediger eine profunde theologische Ausbildung und eine lebenslange Liebe zum Studium brauchte. Er sorgte sich auch um die geistige Formung und den Studieneifer seiner Brüder. Das Studium der Theologie, die damals vor allem im Erforschen und Meditieren der Heiligen Schrift bestand, war unumgängliche Voraussetzung zum Predigen und zum Argumentieren in Streitgesprächen mit Häretikern. Ebenso diente es der persönlichen Reifung der Brüder, indem es ihr geistliches Leben bereicherte und vertiefte. Deshalb schickte Dominikus bereits seine ersten Brüder zum Studium an die Domschule von Toulouse, um dort Vorlesungen zu hören. Von den Zellen des neugebauten

Legenda S. Dominici HUMBERTI DE ROMANIS, in: MOPH XVI, Rom 1935, S. 369–423, hier Nr. 40.

Klosters St. Romains erwähnt Jordan, daß sie nicht nur als Schlaf-, sondern auch als Studienräume genutzt wurden (Libellus, 44). Selbst ihr hohes Armutsideal hielt die Brüder nicht davon ab, sich die zum Studium nötigen Bücher anzuschaffen. Denn ein Teil des Geldes, das sie von Bischof Fulko erhielten, wurde für den Ankauf von Büchern verwendet (Libellus, 39). Zu Beginn des Jahres 1217 beabsichtigte Dominikus sogar, in Toulouse eine Universität errichten zu lassen. Der Plan wurde jedoch nie verwirklicht, da Dominikus inzwischen andere Studienorte für seine Brüder gefunden hatte. Daß seine Wahl dabei auf die bekannten Universitätsstädte Paris und Bologna fiel, und nicht auf eine der zahlreichen kleineren Dom- oder Klosterschulen, ist bemerkenswert.

Die besondere Sorge um die intellektuelle Ausbildung der Brüder ging auch in die ersten Konstitutionen ein. Bereits die Novizen sollten zum eifrigen Studium angehalten werden (Älteste Konstitutionen I, 13). Den Studenten eines Konvents wurde ein eigens dafür ausgewählter Mitbruder zur Seite gestellt, um sie in ihren Bemühungen zu unterstützen (II, 28). Im Jahre 1236 nahm man noch zahlreiche andere Anweisungen, die die Studenten betrafen, in die Konstitutionen auf. Beispielsweise konnten sie vom Chorgebet oder anderen Verpflichtungen dispensiert werden. Besonders Begabte erhielten eigene Zellen, in denen sie sogar nachts bei Kerzenlicht studieren durften (II, 29).

Auch nach dem Ende der theologischen Grundausbildung blieb das Studium lebenslange Aufgabe für jeden Predigerbruder. Bei regelmäßigen Visitationen der einzelnen Konvente wurde unter anderem auch darüber befunden, ob die Brüder Ausdauer im Studium zeigten (II, 18). Da die Vorlesungen und Disputationen, zu denen auch Außenstehende kommen konnten, im Kloster stattfinden sollten, mußte in jedem Konvent mindestens ein Mitbruder die Lehrerlaubnis des Ordens besitzen (II, 23). Die Teilnahme an bestimmten Veranstaltungen war für alle verpflichtend und als eines der Kriterien für die Auswahl und Zulassung eines Bruders zum Predigtdienst galt auch dessen Studieneifer (II, 20).

Trotz seiner Begeisterung für die Wissenschaft wußte Dominikus auch um deren Grenzen und Ergänzungsbedürftigkeit. „Einmal wollte ein Student von ihm wissen, in welchen Büchern er studiert habe. Denn es schien ihm, daß er sehr gut predige und die Heilige Schrift in ansprechender Weise auslegte. Der heilige Mann antwortete ihm: ‚Mein Sohn, im Buch der Liebe habe ich mehr studiert als in irgendeinem anderen. Denn dieses belehrt über alles'" (Leben der Brüder, II, 26). Wahrscheinlich spielte Dominikus mit dieser Antwort auf seine vielen, vor dem Bild des Gekreuzigten durchwachten Nächte an.

Das Studium als Antwort auf die Herausforderungen der Zeit

Dank ihrer starken Ausrichtung auf den universitären Bereich bildeten die Predigerbrüder im Vergleich zu den Minderbrüdern eine sehr homogene Gemeinschaft. Die hauptsächliche Rekrutierung von Studenten bewirkte zwar, daß der Dominikanerorden schon in seinen Anfängen deutlich kleiner als der Franziskanerorden war. Doch er verfügte nicht nur über klarere Strukturen und eine bessere Organisation, nach Herkunft und Bildungsgrad der Brüder erschien er auch elitärer.

Doch gerade nach diesen hervorragend ausgebildeten Seelsorgern und Predigern hatte die Bevölkerung in den aufblühenden Städten ein Bedürfnis. Seit der gregorianischen Reform war der Hunger nach religiöser Unterweisung, die auch vom Leben der Prediger gedeckt war, immer größer geworden. Dieser Hunger konnte aber nur wenig gestillt werden, da die Bischöfe ihrem Verkündigungsauftrag oft nur unzureichend nachkamen und der niedere Klerus in der Regel schlecht ausgebildet war. Die Mönche dagegen lebten meist in einiger Entfernung zu den Städten in der Einsamkeit, die sie nur selten verließen. Immer mehr Menschen wandten sich deshalb den schismatischen und häretischen Bewegungen der Waldenser und Katharer zu, von denen sie sich Belehrung und Erleuchtung erhofften und deren strenge Askese sie überdies glaubwürdiger als die kirchlichen Autoritäten erscheinen ließ. Gerade für die Anhänger der Katharer war deren entsagender Lebensstil ausschlaggebend. Über ihre verworrene und in viele verschiedene Richtungen aufgespaltene Lehre dürften sie hingegen kaum richtig informiert gewesen sein. Durch die Predigten und Disputationen des Dominikus und seiner Brüder wurden viele Sympathisanten der Katharer erstmals darüber aufgeklärt, welchen Irrtümern sie anhingen. Schon bald trat zur mündlichen auch die schriftliche Auseinandersetzung mit der Irrlehre. „Seit 1234 erscheint eine Flut von Traktaten, und die besten sind geschrieben von den wissenschaftlich geschulten Dominikanern, deren Ordensbrüder bald den Gipfel der Hochscholastik erreichen. Dieser neuen Kampfesweise von theoretischer Widerlegung und praktischem Vorbild haben die Katharer nichts entgegenzusetzen" (Borst, S. 102 f.). Der Niedergang der Katharer war seit dem Auftreten der Predigerbrüder (sowie der anderen Bettelorden) nicht mehr aufzuhalten. Ende des 14. Jahrhunderts waren sie in Westeuropa vollständig verschwunden. Auch die Waldenser verloren zunehmend an Anhängerschaft. Mehr noch als das Wirken der Inquisition gewannen die Lehre und das Leben der Bettelorden die Menschen für die Kirche zurück.

Auch die Bischöfe begrüßten den neuen, intellektuell ausgerichteten Predigerorden. Das Vierte Laterankonzil hatte sie im Jahre 1215 zur Gründung von Domschulen aufgefordert, um die Bildung des Diözesanklerus zu heben. Für die Bischöfe, an deren Kathedralen es noch keine theologischen Schulen gab, boten die Hausstudien der Predigerbrüder eine willkommene Alternative, die ihnen viele Kosten und Mühen ersparte. Ein Empfehlungsbrief des einflußreichen Bischofs von Metz aus dem Jahre 1221, in dem die Stadt und das Volk von Metz um Unterstützung der Prediger gebeten werden, zeugt von den dahingehenden Hoffnungen des Episkopats. „Wenn ihr Orden in der Stadt Metz ein Haus hätte, so wäre ihre Niederlassung nicht nur den Laien aufgrund ihrer Predigten, sondern auch den Klerikern dank ihrer theologischen Vorlesungen von größtem Nutzen. Wir empfehlen euch deshalb eindringlich, ihnen gemäß dem Beispiel des Herrn Papstes, der ihnen in Rom ein Haus übertragen hat, sowie zahlreicher Erzbischöfe und Bischöfe, einen Bauplatz zuzuweisen. Steht ihnen mit Rat und Tat zur Seite, damit sie dort gemäß den Erfordernissen ihres Ordenslebens ein Priorat errichten können. Wir selbst erteilen diesen Brüdern die Erlaubnis zum Bau eines Priorats in der Stadt Metz" (Urkundenbuch, 157). Nicht selten bereiteten die Hausstudien des

Ordens Universitätsgründungen vor, so zum Beispiel in Köln, wo Albertus Magnus eine große Tradition der Lehre und Forschung begründete. Auch in der Stadt Bologna, deren Universität zunächst noch keine theologische Fakultät besaß, waren die Predigerbrüder maßgeblich an der Gründung einer solchen beteiligt.

Der Weg der Dominikaner an die Universitäten mag zunächst erstaunen. Man muß dabei jedoch bedenken, daß Universitäten wie Paris und Oxford von ihren Ursprüngen her einen kirchlichen Hintergrund hatten. So kam etwa der Zusammenschluß *aller* Schulen und Lehranstalten sowie *aller* dazugehörigen Studenten und Professoren der Stadt Paris (daher auch der Name *Universitas)* mit Erlaubnis und Förderung des Papstes zustande und genoß aufgrund päpstlicher Privilegien besonderen Schutz. Ganz selbstverständlich gehörte an den theologischen Fakultäten von Paris und Oxford neben der Schriftauslegung und der Durchführung von Disputationen über schwierige Fragen auch das regelmäßige Predigen vor der ganzen Universität zu den wesentlichen Aufgaben eines Lehrers der Theologie.

Doch schon in der zweiten Hälfte des 13. Jahrhunderts war die enge Beziehung zwischen Kirche und Universitäten nicht immer ungetrübt. Seit dem Bekanntwerden des Aristoteles und seiner arabischen Kommentatoren im Westen drohte in der Philosophie eine zunehmende Ablösung von Kirche und Glauben. Am heftigsten brach diese Entwicklung im sogenannten *lateinischen Averroismus* in der zweiten Hälfte des 13. Jahrhunderts auf. Dem hl. Thomas von Aquin und seiner weit angelegten Synthese von christlichem Glauben und aristotelischen Denken ist die Meisterung dieser Krise letztlich zu verdanken. Zusammen mit vielen anderen Mitbrüdern, die seinem eigenen, aber auch anderen Bettelorden entstammten, gelang es ihm außerdem, die drohende Abspaltung der Theologie als reiner und abstrakter Wissenschaft vom lebendigen Glaubensvollzug abzuwenden.

Dadurch, daß die Predigerbrüder den Weg an die Universitäten wählten und sich aktiv an Forschung und Lehre beteiligten, konnten sie zusammen mit den anderen Bettelorden, die ihrem Beispiel bald folgen sollten, noch einmal die Einheit von universitärem Ideal und wahrhaft christlichem Geist herstellen. So verhinderten sie für lange Zeit ein Auseinanderbrechen beider Welten, indem sie die Universitäten von neuem mit kirchlichem Leben durchdrangen.

Dominikus selbst hatte diese wichtige Entwicklung zu seiner Zeit höchstens vorausgeahnt. Für ihn sollte das Studium allein der Vorbereitung auf die Predigttätigkeit dienen. So verboten die ersten Konstitutionen den Brüdern das Studium der weltlichen Wissenschaften, der Freien Künste oder das Lesen philosophischer Werke der „Heiden" (Älteste Konstitutionen, II, 28). Zwar wird die letzte Bestimmung dahingehend abgemildert, daß eine zeitweise Einsicht in die verbotenen Bücher erlaubt werden könne. Trotzdem sahen die ersten Konstitutionen ein Studium, das sich nicht unmittelbar auf die Predigt bezog, nicht vor. Doch schon im Laufe des 13. Jahrhunderts zeigte sich, daß auch in der Lehre und reinen Forschung ein wichtiger Verkündigungsdienst an den Universitäten zu versehen war, indem dort weiterhin christliches Denken gepflegt und lebendig gehalten wurde. In der gemeinsamen Suche nach der Wahrheit fühlten sich die Theologen des Ordens mit den Gelehrten der anderen Fakultäten vereint. Dominikus, aus dessen Gründung neben Albertus Magnus und Thomas von Aquin noch viele andere bedeutende Denker hervorgingen, hatte diese Tradition der vorbehaltlosen Suche und der Darstellung der Wahrheit begründet. Zurecht bezeichnet ihn eine Antiphon der dominikanischen Liturgie darum auch als „doctor veritatis" (Lehrer der Wahrheit).

„Bekenne ich, daß Gespräche mit jungen Frauen mein Herz mehr berührten" – Dominikus im Umgang mit Frauen

Dienst an den Frauen

Auf seinem Sterbebett gestand Dominikus: „Seht, bis zu dieser Stunde hat mich die göttliche Barmherzigkeit in der Unversehrtheit des Fleisches bewahrt. Dennoch bekenne ich, der Unvollkommenheit nicht entgangen zu sein, daß Gespräche mit jungen Frauen mein Herz mehr berührten, als die Anreden der Alten" (Libellus, 92). Dieses Bekenntnis, das allein Jordan überliefert, weist nicht nur auf eine liebenswerte Schwäche des sonst so makellosen Heiligen hin. Es macht auch auf die wichtige Tatsache aufmerksam, daß Dominikus ein großer Frauenseelsorger war. Zeit seines Lebens hatte Dominikus viel mit Frauen gesprochen, mit jungen wie mit alten. Neben seinen häufigen Besuchen bei den römischen Reklusinnen und seinen Kontakten zu frommen Frauen, die in der Welt lebten, hatte er insgesamt vier Schwesternklöster in drei verschiedenen Ländern gegründet, sowie die Errichtung eines weiteren in Bologna zumindest angestoßen. All dies geschah sicher nicht nur aus einer gewissen Schwäche für das schöne Geschlecht heraus. Die Sorge um die Frauen entsprang vielmehr auch dem Bewußtsein, daß sie seinen Dienst dringend brauchten. Deutlich wird dies an der Entstehungsgeschichte des ersten Schwesternklosters in Prouille. Noch in den Anfängen des Predigtwerkes hatte Dominikus einige häretische Frauen aus der Stadt Fanjeaux zum katholischen Glauben zurückführen können. Nach Jordans Bericht entstammten sie vornehmen Familien, die jedoch so sehr verarmt waren, daß sie ihre Töchter den Katharern zur Erziehung und Verpflegung übergeben hatten (Libellus, 27). Möglicherweise handelte es sich bei den bekehrten Frauen daher um ehemalige „Vollkommene", die ihre gesamte Jugend in einer der zahlreichen klosterähnlichen Gemeinschaften der Katharer verbracht hatten. Nachdem sie sich auf Betreiben des Dominikus und seiner Gefährten von der Häresie abgewandt hatten, standen sie nun mittellos da. Bischof Diego erwarb deshalb in dem Weiler Prouille ein Grundstück mit einer unbenutzten Marienkirche und gründete dort ein Kloster für sie. Hier konnten die bekehrten „Vollkommenen" unter katholischen Vorzeichen weiterhin ein Leben der Abgeschiedenheit und der Askese führen. Diegos Reisen nach Spanien dienten unter anderem auch dem Zweck, in seiner Diözese Mittel für diese Gründung aufzutreiben (Libellus, 28). Nach und nach gelang es Diego und Dominikus, durch Schenkungen von Privatleuten, sowie des Bischofs von Narbonne das Auskommen des Klosters einigermaßen zu sichern (Urkundenbuch, 5–7). Bischof Fulko von Toulouse, auf dessen Gebiet Prouille lag, scheint sich dagegen mit finanzieller Unterstützung zunächst zurückgehalten zu haben, da seine Diözese mit großen wirtschaftlichen Problemen zu kämpfen hatte (Tug-

well, 2004, S. 66). Prouille war nie ein reiches Kloster, und gerade in den

: SIMON TUGWELL, *For whom was Prouille founded?*, in: AFP 74 (2004) S. 5–66 (Kurztitel = **Tugwell, 2004**).

Jahren nach Diegos Tod und während der Abwesenheit des Dominikus dürften die Schwestern in bitterer Armut gelebt haben. Erst nachdem Dominikus im Jahre 1211 wieder aus Spanien zurückgekehrt war, konnte die finanzielle Lage stabilisiert werden. Fulko überließ Dominikus nun die Pfründe der Pfarrkirche von Fanjeaux, mit deren Einnahmen Dominikus auch die Schwestern des nahen Prouille unterstützen konnte (Libellus, 37). Diegos Gründung hatte neben der Versorgung der Neubekehrten noch zwei andere Zwecke verfolgt. Einmal sollte ein Ort geschaffen werden, an dem Mädchen aus verarmten Familien aufgenommen werden konnten, um nicht aus wirtschaftlicher Not den Katharern in die Hände zu fallen. Außerdem war Prouille auch als Stützpunkt für die Prediger gedacht. Für kurze Zeit muß Prouille sogar eine Art Doppelkloster mit einer größeren Brüderkommunität gewesen sein. Nach der Aussendung der Brüder wohnten allerdings nur noch wenige Schwesternseelsorger dort. Spätestens im Jahre 1221 war in Prouille die strenge Klausur eingeführt worden (Tugwell, 2004, S. 62). Diese Maßnahme macht deutlich, daß Prouille wohl von Anfang an als ein klassisches Nonnenkloster nach dem Vorbild der Zisterzienserinnen geplant war

(Tugwell, 2004, S. 64) und nicht an freiere Formen anknüpfen sollte, wie sie etwa die Beginen in Flandern pflegten.

Die zweite Gründung eines Frauenklosters nahm Dominikus im Jahre 1215 in Toulouse vor. Die Ausgangslage war ähnlich zu der von Prouille. Wieder hatte Dominikus einige häretische Frauen bekehrt, deren Auskommen nun gesichert werden mußte. Fulko überließ ihnen zu diesem Zweck ein Hospiz, in dem sie wohnen und ihre bisherige klösterliche Lebensweise fortsetzen konnten (Urkundenbuch, 64). Die Spuren dieser Gemeinschaft, die unter großer wirtschaftlicher Not litt, verlieren sich schon bald. „Sie überlebte wahrscheinlich die Umwälzungen nicht, die die Rückkehr des Grafen Raimund an die Macht und der Tod Simons von Montfort im Jahre 1218 nach sich zogen" (Tugwell, Dominikus, S. 21). Angesichts der spärlichen Nachrichten über diese Gründung läßt sich aber auch fragen, ob Dominikus in Toulouse überhaupt so etwas wie ein zweites Prouille geplant hatte. Vielleicht war das Toulouser Frauenkloster auch von Anfang an nur als eine provisorische Einrichtung konzipiert.

Abgesehen von den bereits erwähnten, ausschließlich in England tätigen Gilbertinern stellte die besondere Sorge um Frauen, die nach festen klösterlichen Lebensformen drängten, zur Zeit des Dominikus eine Seltenheit dar. In vielen Männerorden wurde die Gründung von Frauenklöstern kategorisch abgelehnt, so zum Beispiel bei den ebenfalls schon genannten Grammontensern. Andere wie die Zisterzienser duldeten zwar zunächst die Gründung weiblicher, dem Orden angehörender Gemeinschaften. Als jedoch der Andrang der Frauen immer stärker wurde, verboten auch sie die Neugründung zisterziensischer Nonnenklöster. Der Grund für die Zurückhaltung war immer derselbe: die Mönche fürchteten, zunehmend von der Schwesternseelsorge und der Verwaltung ihrer Güter in Beschlag genommen zu werden. Auch Franziskus verhielt sich eher zögerlich auf diesem Gebiet. Zwar hatte er Klara von Assisi zunächst in den Orden aufgenommen, dann aber kümmerte er sich nur noch wenig um ihre Angelegenheiten. Aber auch bei den Predigerbrüdern entstand schon wenige Jahre nach dem Tod des Dominikus eine starke Opposition gegen

die Schwesternseelsorge. Denn unabhängig von den bereits bestehenden Nonnenklöstern in Prouille, Madrid, Rom und Bologna hatten sich an zahlreichen Orten um die Brüderkonvente Vereinigungen frommer Frauen *(piae feminae)* gebildet. Oft bestanden solche Gruppierungen aber auch schon vor der Ankunft der Prediger in der jeweiligen Stadt. Alle diese Gemeinschaften frommer Frauen strebten bald den Status ordentlicher Nonnenklöster an, um dadurch mehr Stabilität sowie größere Unabhängigkeit von ihrem Bischof oder ihrem Pfarrer zu erlangen. „So wie die Dinge damals aber noch lagen, ging das nur über den Anschluß an einen Ordensverband von Männern, der *Cura animarum* (Seelsorge) für ihre *Vita religiosa* auf hohem Niveau garantieren und den kirchenrechtlich exemten Status vermitteln konnte" (Frank, S. 112). Vor allem in Oberdeutschland, aber auch anderswo zeigten

ISNARD W. FRANK, *Die Dominikanerinnen als Zweiter Orden der Dominikaner*, in: *Fromme Frauen – unbequeme Frauen? Weibliches Religiosentum im Mittelalter*, hrsg. von Edeltraud Klueting, 2006, S. 105–125 (Kurztitel = **Frank**).

sich viele Predigerbrüder gegenüber den Wünschen der Frauen aufgeschlossen, so daß bald zahlreiche Nonnenklöster entstanden, die die Regel von San Sisto übernahmen und dem Predigerorden auf irgendeine Art rechtlich verbunden waren.

Nicht alle Brüder waren von dieser Entwicklung begeistert. „Bei Prämonstratensern und Zisterziensern war es in der ‚Frauenfrage' zu erheblichen Spannungen und Schwierigkeiten gekommen. Der sich etablierende Predigerorden hatte sich vorzusehen" (Frank, S. 111).

Schon das Generalkapitel von 1228 (Älteste Konstitutionen, II, 27; vgl. Tugwell, 2001, S. 123) untersagte den Brüdern strengstens, weitere dem Orden angehörende Nonnenklöster zu gründen, oder für bereits bestehende andere Frauengemeinschaften Verantwortung zu übernehmen. Frank bringt die Sorge vieler Brüder prägnant auf den Punkt: „Die Cura feminarum (Frauenseelsorge) konnte den Predigern über den Kopf wachsen und zu viele Kräfte absorbieren, das eigentliche Ziel und die eigentliche Aufgabe des Ordens behindern und umbiegen. Vielleicht gab es die Sorge, bei einem Zuviel an Betreuung von Frauenkommunitäten könnte aus

dem Predigerorden so etwas wie eine Zweitauflage der Gilbertiner werden"
(Frank, S. 111 f.).

Die ordensinterne Opposition gegen die Übernahme von Frauenseelsorge
hielt noch bis zur Mitte des 13. Jahrhunderts an und konnte erst nach
langwierigen Diskussionen und dem Einsatz einflußreicher Mitbrüder
(Kardinal Hugo von St. Cher, Humbert von Romans) überwunden werden (vgl. Frank, S. 117–121).

Angesichts solcher Auseinandersetzungen wirkt das Engagement des
Dominikus in der Frauenseelsorge umso erstaunlicher. Wahrscheinlich
hatte er nicht nur die drängende Wichtigkeit der „Frauenfrage" erkannt.
Ebenso war er sich bewußt, welch bedeutenden Dienst umgekehrt die dem
Orden angehörenden Schwestern für denselben leisten konnten. Durch
ihr Gebet sollten sie die Brüder in ihrem Wirken geistlich unterstützen
und im Flehen um Berufungen zur Ausbreitung des Ordens entscheidend
beitragen. Wohl in dieser Richtung ist der überlieferte Ausspruch des
Dominikus zu deuten, als er den Brüdern in Bologna erklärte: „Brüder,
wir müssen auf alle Fälle dieses Haus für die Frauen bauen, selbst wenn
wir auf die Arbeiten für unser eigenes verzichten müssen" (Chronik von
St. Agnes, nach: Koudelka, S. 196). Wieder einmal sollte Dominikus recht
behalten. Zwar erlebte er Bau und Bezug des Klosters St. Agnes im Jahre
1223 nicht mehr. Doch sein Nachfolger Jordan war sich sicher, daß das
rasche Wachstum des Ordens nicht zuletzt den ausdauernden Gebeten
Dianas und ihrer Schwestern zu verdanken war.

Regeltreue und Freundschaft

Die Regel, die Dominikus für die Schwestern von San Sisto entworfen
hatte, orientierte sich an strengen Vorbildern der Ordensgesetzgebung.
Dominikus hatte bereits in seinen eigenen Gründungen in Prouille und
Madrid die strenge Klausur eingeführt. Sowohl die Regel von San Sisto,
als auch die Aussagen der Schwester Cäcilia bezeugen, daß ihre Errichtung auch eines der Hauptziele bei der Reform der römischen Nonnen
war. Bis jetzt konnten die dortigen Nonnen offenbar ganz nach Belieben

ihre Gemeinschaft verlassen, um Verwandte und Freunde zu besuchen beziehungsweise dieselben jederzeit im Kloster empfangen. Die römischen Klöster glichen deshalb eher Einrichtungen des gesellschaftlichen Lebens, in die man die überzähligen Töchter der Familie abschieben konnte, als Orten der klösterlichen Disziplin und des Gebets. Auch um diejenigen Schwestern zu schützen, die sich ernsthaft um ein kontemplatives Leben bemühten, drängte der Papst auf die Errichtung der strengen Klausur im Reformkonvent San Sisto. Ihre Einführung gelang nicht ohne wiederholten Widerstand einiger Schwestern und ihrer Verwandten und Freunde. Doch Dominikus, der von letzteren als „dahergelaufener Spitzbube" beschimpft wurde, ließ sich nicht beirren. Durch gutes Zureden konnte er die Nonnen von Santa Maria in Tempulo letztlich für die Reformidee gewinnen. Mit etlichen Schwestern aus Santa Bibiana und in Begleitung ihrer altehrwürdigen Ikone bezogen sie am 28. Februar des Jahres 1221 das neue Kloster in San Sisto. Einige Nonnen, die Dominikus aus Prouille hatte kommen lassen, wiesen sie in das reformierte Ordensleben ein. Schon nach kurzer Zeit muß San Sisto regen Zulauf erhalten haben, denn Cäcilia berichtet an einer Stelle ihrer Erinnerungen, daß dort hundertvier Schwestern gelebt hätten. Vier der Schwestern, unter ihnen auch Cäcilia, konnten bald darauf die Neugründung von St. Agnes in Bologna unterstützen.

Sein Schreiben an die Schwestern von Madrid zeugt ebenso wie die Regel von San Sisto von der strengen Ordensdisziplin, die Dominikus den Nonnen abverlangte. Zugleich macht sein einziger uns erhaltener Brief aber auch deutlich, wie sehr er die Eigenverwaltung der Schwestern respektierte. Die Priorin konnte nur mit Zustimmung der Mehrheit der Nonnen abgesetzt werden, zudem entschieden diese selbst darüber, welche Frauen sie aufnehmen wollten oder nicht. Bei aller Strenge und Aufforderung zur Regeltreue war Dominikus' Umgang mit seinen Schwestern alles andere als verkrampft. Im Gegenteil, er scheint sogar von großer Herzlichkeit und Fröhlichkeit geprägt gewesen zu sein. Von seiner Reise nach Spanien hatte er jeder Schwester von Santa Maria in Tempulo einen Holzlöffel als Souvenir mitgebracht. Laut Cäcilia besuchte er sie auch nach ihrem

Umzug nach San Sisto fast täglich, wenn er in Rom war. Er kam dann spät abends zu ihnen, rief die Schwestern und die sie betreuenden Brüder zusammen und hielt ihnen eine Predigt oder einen Vortrag über das Ordensleben. Eines Abend traf er besonders spät ein. Nachdem er ihnen von den Geschehnissen des Tages berichtet und lange mit ihnen gesprochen hatte, sagte er plötzlich: „Es wäre gut, meine Töchter, wenn wir einen kleinen Umtrunk hielten." Er schickte also einen Bruder in den Keller, um einen Krug mit Wein zu holen. Nachdem alle Brüder daraus getrunken hatten, sagte Dominikus: „Ich will, daß alle meine Töchter trinken." Der Krug wurde nun auch den Schwestern gereicht und unter Dominikus' Aufforderung, nur ordentlich zu trinken, nahmen alle von dem Wein zu sich (Cäcilia, 6). Die kleine Episode zeugt von der Unverkrampftheit des Dominikus im Umgang mit Frauen, aber auch von der Freude, die er dabei empfand.

Eine besonders Beziehung scheint sich zwischen ihm und Diana von Andalò aufgebaut zu haben. Die mutige junge Frau muß ihn tief beeindruckt haben, sonst hätte er sich bei seinen Mitbrüdern nicht so vehement für den Bau eines Nonnenklosters in Bologna eingesetzt. Der geheime Briefwechsel, den Dominikus mit Diana führte, als sie streng bewacht und mit gebrochener Rippe im Haus ihrer Eltern lag, beweist, wie sehr er an sie und an ihr Projekt glaubte. Über Diana heißt es in der Chronik von St. Agnes, sie habe ihn mit „ganzer Seele geliebt". Die Freundschaft zwischen den beiden Seelenverwandten währte zum Leidwesen Dianas nur kurz, da Dominikus schon eineinhalb Jahre später verstarb. Doch in seinem Nachfolger Jordan sollte Diana einen Tröster finden, mit dem sie bald eine innige geistliche Beziehung verband. Die zahlreichen, noch erhaltenen Briefe Jordans an Diana legen ein beredtes Zeugnis von ihrer Freundschaft ab. Immer wieder dankt Jordan auch für die Gebete Dianas und ihrer Schwestern, denen er seine großen Predigterfolge unter den Studenten verschiedener Universitäten zuschreibt.

Der junge Orden wuchs und gedieh aber nicht nur dank der Gebete der Nonnen. Schwester Cäcilia berichtet in einer ihrer liebenswerten Geschichten von dem ganz besonderen Schutz, unter dem Dominikus seine

Gründung wußte: „Der selige Dominikus kehrte zum Gebet an den Ort zurück, an dem er vorher war. Und plötzlich wurde er im Geist zu Gott entrückt und sah den Herrn und die selige Jungfrau, die zu seiner Rechten saß. Und es schien dem seligen Dominikus, als sei Unsere Liebe Frau mit einem saphirblauen Mantel bekleidet. Als er aber um sich blickte, und Angehörige aller möglichen Orden vor Gott sah, aus seinem eigenen aber niemanden, da begann er bitterlich zu weinen und wagte es nicht, sich dem Herrn und seiner Mutter zu nähern. Da winkte ihn Unsere Liebe Frau zu sich. Daraufhin trat der selige Dominikus näher heran und warf sich, noch immer bitterlich weinend, vor ihnen zu Boden. Der Herr befahl ihm, sich zu erheben. Nachdem er aufgestanden war, fragte er ihn: ‚Warum weinst du so bitterlich?' Er sagte: ‚Ich weine so, weil ich hier Angehörige von allen möglichen Orden sehe, aus meinem eigenen aber erblicke ich niemanden.' Da sagte der Herr zu ihm: ‚Willst du deinen Orden sehen?' Und er erwiderte zitternd: ‚Ja, Herr.' Der Herr aber legte seine Hand auf den Umhang der seligen Jungfrau und sagte: ‚Ich habe deinen Orden meiner Mutter anvertraut.' Und er sagte noch einmal: ‚Willst du ihn wirklich sehen?' Jener erwiderte: ‚Ja, Herr.' Da öffnete die selige Jungfrau ihren Mantel, mit dem sie bekleidet war und breitete ihn vor dem seligen Dominikus aus. Der Mantel erschien von solcher Weite, als würde er das ganze Himmelreich umfassen, und unter dem Mantel sah der selige Dominikus eine übergroße Menge seiner Brüder. Da warf er sich nieder und dankte Gott und seiner seligen Mutter Maria, und die Vision verschwand. Sofort kam er wieder zu sich, und im selben Augenblick rief die Glocke zur Matutin. Nach dem Chorgebet versammelte Dominikus die Brüder zum Kapitel und hielt ihnen eine lange und sehr schöne Ansprache, in der er sie zur Liebe und Ehrerbietung gegenüber der seligen Jungfrau Maria aufforderte. Er erzählte ihnen dabei auch von der Vision, die er gehabt hatte" (Cäcilia, 7).

Anhang: wichtige Urkunden zur Gründung des Predigerordens

Die folgenden zehn wichtigen Urkunden, von denen die meisten nun erstmals in vollständiger deutscher Übersetzung vorliegen, vermitteln einen lebendigen Eindruck von den Anfangsjahren des Predigerordens.

1

Im Sommer 1215 verleiht Bischof Fulko dem Predigtwerk in seiner Diözese institutionellen Charakter. Dominikus und seine Gefährten erhalten erstmals den Titel „Prediger":

„Im Namen unseres Herrn Jesus Christus. Es sei allen gegenwärtig und zukünftig Lebenden bekannt gemacht, daß Wir, Fulko – durch die Gnade Gottes demütiger Diener des Bischofsstuhles von Toulouse – zur Ausrottung der häretischen Verkehrtheit, zur Vertreibung der Laster, zum Lehren des rechten Glaubens und um die Menschen zu gesunden Sitten heranzubilden, in unserem Bistum den Bruder Dominikus und seine Gefährten als Prediger eingesetzt haben. Sie haben es sich zum Vorsatz gemacht, in evangelischer Armut als Ordensmänner zu Fuß zu gehen und das Wort der evangelischen Wahrheit zu predigen.

Da aber der Arbeiter ein Recht auf seinen Unterhalt hat (Mt 10,10) und man dem Ochsen zum Dreschen keinen Maulkorb anlegen soll (Dtn 25,4; 1 Kor 9,9), sondern vielmehr der Verkünder des Evangeliums vom Evangelium leben soll (1 Kor 9,14), so wollen Wir, daß sie vom Bistum den Lebensunterhalt und das Notwendige bekommen, da sie ja zum Predigen gehen. Mit Zustimmung des Kapitels der Kirche St. Stephan und des Klerus der Diözese Toulouse weisen Wir den vorgenannten Predigern und allen anderen, die der Eifer für den Herrn und die Liebe zum Heil der Seelen auf die gleiche Weise für den selben Predigtdienst gerüstet hat, den sechsten Teil des Zehnten zu, der für die Ausschmückung und die Instandhaltung aller Uns unterstehenden Pfarrkirchen bestimmt ist. Dieser Betrag soll für Kleidung und andere

notwendige Dinge verwendet werden, wenn sie krank sind, oder sich
einmal ausruhen wollen.

Wenn jedoch nach einem Jahr etwas davon übrigbleibt, dann wollen
und bestimmen Wir, daß es denselben Pfarrkirchen zur Ausschmückung
zurückerstattet wird, oder aber den Armen überlassen wird, je nachdem
wie es der Bischof für richtig hält.

Denn da es von Rechts wegen sichergestellt ist, daß ein gewisser Teil des
Zehnten immer den Armen zugewiesen und für sie ausgegeben werden
soll, so steht fest, daß Wir umso mehr gehalten sind, jenen Armen einen
Teil des Zehnten zuzuweisen, die für Christus die evangelische Armut
wählen und die in Beispiel und Lehre danach trachten und sich darum
bemühen, alle zusammen und jeden einzelnen an himmlischen Gaben
reich zu machen. So können Wir mit Hilfe derer, von denen wir zeitliche
Güter erhalten, sowohl durch Uns selbst, als auch durch andere (die
Prediger) in geeigneter und angebrachter Weise geistliche Güter säen
(1 Kor 9,1).

Gegeben im Jahre des fleischgewordenen Wortes 1215, da Philipp als
König von Frankreich regiert und der Graf von Montfort Fürst von Toulouse ist und der genannte Fulko Bischof von Toulouse" (Urkundenbuch, 63).

2

Honorius III. bestätigt Dominikus und seinen Brüdern mit der Bulle
Religiosam vitam vom 22. Dezember 1216 ihren neuen Status als Kanoniker:

„Bischof Honorius, Diener der Diener Gottes, an die geliebten Söhne, an
Dominikus, den Prior von St. Romain in Toulouse, und an seine Brüder,
die gegenwärtigen und die zukünftigen, die auf das Leben gemäß der
Regel ewige Gelübde ablegen.

Denen, die das Ordensleben erwählt haben, steht es zu, den apostolischen
Schutz zu genießen, damit nicht irgendein blindwütiger Angriff sie von
ihrem Vorsatz abbringe, oder, was fern sei, die Festigkeit des Ordenslebens
schwäche.

Deshalb, geliebte Söhne im Herrn, kommen wir Euren gerechten Wünschen gerne entgegen und nehmen die Kirche St. Romain in Toulouse, in der Ihr Euch dem göttlichen Gehorsam übergeben habt, unter den Schutz des hl. Petrus und Unseren eigenen und befestigen Eure Lebensweise mit dem Privileg des vorliegenden Schreibens.

Vor allen Dingen legen Wir fest, daß die Lebensweise als Kanoniker *(ordo canonicus),* die gemäß dem Willen Gottes und der Regel des hl. Augustinus bekanntermaßen in der genannten Kirche eingerichtet worden ist, dort selbst auf ewige Zeiten in unverletzter Weise gewahrt werden soll" (Urkundenbuch, 77).

Es folgen nun einzelne Bestimmungen sowie eine große Zahl von damals üblichen Privilegien, die der Papst den Kanonikern von St. Romain gewährt (z. B. Bestätigung ihrer gegenwärtigen und zukünftigen Besitzungen und Einnahmen; das Recht, neue Mitbrüder aufzunehmen; das Recht, dem Bischof einen Pfarrer zu präsentieren; das Recht auf eine eigene Begräbnisstätte in der Kirche; das Recht der Gemeinschaft, selbst ihren Oberen zu wählen etc.). Unter den Unterzeichnern der Bulle befindet sich auch der Bischof von Ostia, Hugolino.

3

In der Bulle *Gratiarum omnium* vom 21. Januar 1217 nennt Honorius III. die Gefährten des Dominikus erstmals „Prediger":

„Bischof Honorius, Diener der Diener Gottes, an die geliebten Söhne, an den Prior und an die Brüder von St. Romain, die Prediger im Gebiet von Toulouse: Heil und apostolischen Segen.

Dem Spender aller Gnaden erstatten Wir würdigen Dank für die Gnade Gottes, die Euch gegeben ist (1 Kor 1,4), in der Ihr steht und bis zum Ende stehen werdet, wie Wir hoffen. Denn im Innern entzündet von der Flamme der Liebe verströmt Ihr nach außen den Duft eines guten Rufes, der die gesunden Gemüter erfreut und die Kranken wieder aufrichtet. Damit diese auch nicht unfruchtbar bleiben, reicht Ihr ihnen, eifrigen Ärzten gleich, geistliche Alraunen (Gen 30,14 f.), indem Ihr sie mit dem Samen des göttlichen Wortes durch Eure heilsame Beredsamkeit befruchtet. So gebt Ihr wie gute Diener die Euch anvertrauten Talente aus, um sie dem Herrn verdoppelt zurückzubringen (Lk 8,11). So zieht Ihr wie unbesiegte Athleten Christi, bewaffnet mit dem Schild des Glaubens und dem Helm des Heiles (Eph 6,16–17), und ohne Furcht vor denen, die den Leib töten können, hochherzig das Wort Gottes, das schärfer ist als jedes zweischneidige Schwert (Hebr 4,12), gegen die Feinde des Glaubens. So haßt Ihr in dieser Welt Eure Seele, um sie zu bewahren für das ewige Leben (Joh 12,25).

Da jedoch nicht der Kampf selbst, sondern erst sein Ausgang zum Sieger krönt und von allen im Stadion laufenden Tugenden allein die Ausdauer den Siegespreis empfängt, so bitten und ermahnen Wir inständig Eure Liebe und weisen Euch durch dieses apostolische Schreiben zum Nachlaß Eurer Sünden an: Bemüht Euch mehr und mehr im Herrn gestärkt, das Wort des Herrn zu verkünden. Tretet dafür ein, ob man es hören will oder nicht (2 Tim 4,2.5), vollbringt in würdiger Weise das Werk eines Evangelisten! Wenn Ihr deswegen aber Bedrängnis zu erleiden habt, dann ertragt sie nicht nur mit Gleichmut, sondern rühmt Euch ihrer zusammen mit dem Apostel (Röm 5,3) und freut Euch, daß Ihr gewürdigt worden seid, für den Namen Jesu Schmach zu erleiden (Apg 5,41). Denn diese leichte und vorübergehende Bedrängnis schafft in maßlosem Übermaß ein ewiges Gewicht an Herrlichkeit (2 Kor 4,17), im Vergleich zu der die Leiden der gegenwärtigen Zeit nichts bedeuten (Röm 8,18).

Auch Wir, die Wir Euch gleich bevorzugten Söhnen Unsere besondere Gunst schenken wollen, bitten Euch, dem Herrn für Uns das Opfer Eurer Lippen darzubringen, damit Wir vielleicht durch Eure Fürbitte erlangen, wozu Unser eigenes Verdienst nicht hinreicht.

Gegeben im Lateran, am 21. Januar (1217), im ersten Jahr Unseres Pontifikates" (Urkundenbuch, 79).

4

Mit dem Schreiben *Si personas religiosas* (11. Februar 1218) empfiehlt Honorius III. die Predigerbrüder allen Bischöfen und kirchlichen Oberen. In der Folgezeit ließ sich Dominikus immer wieder Abschriften dieser

Bulle von der päpstlichen Kanzlei ausstellen. Diese fanden dann bei der Gründung von neuen Konventen Verwendung:

„Bischof Honorius, Diener der Diener Gottes, an seine hochverehrten Brüder, die Erzbischöfe und Bischöfe und an die geliebten Söhne, die Äbte, Prioren und alle anderen Vorsteher von Kirchen, zu denen dieser Brief gelangt: Heil und apostolischen Segen.

Wenn Ihr Euch darum bemüht, die Ordensleute zu lieben und zu ehren, dann erweist Ihr Gott, für den Dienen Herrschen ist und der bezeugt hat, daß man das, was man einem seiner Geringsten getan hat, ihm selbst getan hat, einen großen und wohlgefälligen Dienst.

Wir bitten Euch daher bei Eurer Gottergebenheit, ermahnen Euch inständig und weisen Euch durch dieses apostolische Schreiben an, die Predigerbrüder, deren nützlichen Dienst und deren Ordensleben Wir für Gott wohlgefällig halten, in ihrem lobenswerten Vorsatz von Herzen zu unterstützen, sie als Leute zu behandeln, die von Unserer Autorität und der des apostolischen Stuhles empfohlen sind und sie in jeder Notlage zu unterstützen. Denn unentgeltlich und in treuer Weise verbreiten sie das Wort des Herrn und streben nach dem (geistlichen) Fortschritt der Seelen. Darin sind sie dem Herrn allein gefolgt, indem sie den Ehrentitel der Armut vorgezogen haben. Erfüllt also Unsere Bitten und Unsere Anweisung, so daß Ihr am Tag des Gerichts zusammen mit den Auserwählten auf der rechten Seite das ewige Reich in Empfang nehmen könnt (Mt 25,40) und nicht den Spruch der Verdammung für die Bösen hören müßt, die Gott für das ewige Feuer bestimmt hat, weil sie solche verachtet haben, von denen Gott bezeugt, daß man in ihnen auch ihn selbst verachtet. Gegeben im Lateran, am 11. Februar (1218), im zweiten Jahr Unseres Pontifikates" (Urkundenbuch, 86).

5

Ihrer äußeren Form nach legt die päpstliche Bulle *Dilecti filii* allen Bischöfen und kirchlichen Oberen die Predigerbrüder ans Herz. Dominikus ließ sich von dieser Bulle jedoch nur drei Exemplare ausfertigen, von denen zwei anschließend in den beiden Ordenszentren Paris und Bologna hinterlegt wurden. Dort sollten sie wohl auch der Selbstvergewisserung und Identitätsfindung des noch jungen Ordens dienen:

„Bischof Honorius, Diener der Diener Gottes, an seine hochverehrten Brüder, die Erzbischöfe und Bischöfe und an die geliebten Söhne, die Äbte und alle anderen Vorsteher von Kirchen, zu denen dieser Brief gelangt: Heil und apostolischen Segen.

Weil sie in vorausschauender Weise beachten, daß diejenigen unter den Völkern verflucht werden, die ihr Getreide zurückhalten (Spr 11,26), säen die geliebten Söhne, der Prior und die Brüder des Predigerordens, ihr Getreide, das Wort der Predigt, welches die Nahrung der Seelen ist, an vielen Gewässern (Jes 32,20), das heißt unter vielen Völkern unablässig aus. Sie haben die Bürde der weltlichen Reichtümer von sich abgeworfen, um ungehinderter laufen zu können. So gehen sie in der Verächtlichkeit freiwilliger Armut über den Acker dieser Welt, den gewöhnlich die Dornensträucher der Laster bedecken, und streuen weinend ihren Samen aus, damit sie, wenn der Herr in seiner Barmherzigkeit Wachstum schenkt, mit Jubel ihre Garben in seine Scheune einbringen können (Ps 126,5–6).

Diese also, deren Vorsatz Wir als heilig und deren Dienst Wir als notwendig erachten, wollen Wir Euch allen herzlich empfehlen. Wir bitten Eure Liebe, Wir ermahnen Euch im Herrn und weisen Euch durch dieses apostolische Schreiben an, daß Ihr sie aus Ehrfurcht vor Gott zu dem Predigtdienst, für den sie bestimmt sind, gütig aufnehmt. Auch sollt Ihr die Euch anvertrauten Völker eifrig ermahnen, daß sie aus ihrem Mund den Samen des göttlichen Wortes demütig aufnehmen. Aus Ehrfurcht vor Uns und dem Apostolischen Stuhl sollt Ihr ihnen in allem, was sie brauchen, großzügig beistehen. Sofern sie durch Eure Ermahnungen vorbereitet sind, das Wort aufzunehmen, werden die Völker auf diese Weise, einer guten und fruchtbaren Erde gleich, damit beginnen, statt den Dornen der Laster die Saat der Tugenden zu sprossen und die genannten Brüder können mit Eurer Unterstützung den Lauf ihres übernommenen Dienstes vollenden, die erwünschte Frucht ihrer Mühen einbringen und ihr Ziel erreichen, nämlich das Heil der Seelen.

Gegeben zu Viterbo, am 8. Dezember (1219), im vierten Jahr Unseres Pontifikates" (Urkundenbuch, 109).

6

Mit dem folgenden Brief vom 27. Februar 1220 bedankt sich Papst Honorius bei den Mitgliedern der Universität Paris für die Hilfe, die die Predigerbrüder erfahren haben. Fast identische Schreiben gingen auch an das Kloster St. Maria de Vineis vor den Toren von Paris, sowie an die Städte Madrid, Segovia und Bologna (Urkundenbuch, 116–119):

„Bischof Honorius, Diener der Diener Gottes, an die geliebten Söhne, an alle Professoren und Studenten, die sich in Paris aufhalten: Heil und apostolischen Segen.

Wir empfinden es als willkommen und angenehm, daß Ihr, wie Wir gehört haben, die geliebten Söhne, die Brüder des Predigerordens, die in Paris die Heilige Schrift studieren, in Eure Herzen aufgenommen habt und ihnen mit den Diensten Eurer Treue in lobenswerter Weise beisteht. Wir meinen, daß Ihr Gott damit einen willkommenen Dienst erweist. Denn da die kirchlichen Güter dem Herrn allein zuzuschreiben sind, so können sie kaum jemals bereitwilliger ausgeteilt werden, als wenn durch sie diejenigen unterstützt werden, die nach dem Heil der Menschen dürsten und die heftig danach verlangen, voll Freude Wasser aus den Quellen des Erlösers zu schöpfen, um es dann auf den Plätzen zu verteilen – nicht nur, um die dürstenden Seelen zu erfrischen, sondern auch als Heilmittel für die kranken Gemüter.

Damit Ihr also Unsere echte Zuneigung zu den genannten Brüdern noch mehr erkennt, haben Wir es für gut befunden, Eure ganze Versammlung zu bitten und zu ermahnen und Euch durch dieses apostolische Schreiben anzuweisen: Reicht diesen, die Ihr aus Ehrfurcht vor dem apostolischen Stuhl und vor Uns noch höher achten sollt, die rechte Hand Eurer Wohltätigkeit, so wie Ihr es in lobenswerter Weise bereits getan habt, damit Ihr Gott für Euch gnädig stimmt und auch Wir Euch mehr und mehr gewogen und wohlgesonnen sind.

Gegeben zu Viterbo, am 27. Februar (1220), im vierten Jahr Unseres Pontifikates" (Urkundenbuch, 115).

7

Im diesem Brief, der auf den 6. Mai 1220 datiert ist, empfiehlt der Papst die Predigerbrüder dem Erzbischof von Tarragona:

„Bischof Honorius, Diener der Diener Gottes, an seinen hochverehrten Bruder, den Erzbischof von Tarragona: Heil und apostolischen Segen.

Weil die Ungerechtigkeit überhandgenommen hat und die Liebe vieler erkaltet ist (Mt 24,12), hat der Herr, wie Wir glauben, den Orden der Predigerbrüder erweckt. Diese suchen nicht ihren eigenen Vorteil, sondern die Sache Christi (Phil 2,21) und haben sich in der Verächtlichkeit freiwilliger Armut der Verkündigung des Wortes Gottes geweiht, um die Häresien niederzuwerfen und auch alle anderen todbringenden Seuchen auszurotten.

Wir, die Wir ihren frommen Vorsatz und ihren notwendigen Dienst mit wohlwollender Gunst begleiten, hielten es also für gut, Dich, Unseren Bruder, zu bitten, zu ermahnen und Dich durch dieses apostolische Schreiben anzuweisen, sie in Demut und aus Ehrfurcht vor Gott und vor Uns als von Uns Empfohlene zu betrachten. Bemühe Dich in solcher Weise um den Erfolg ihres Ordens, daß Du Dir bei Gott, dem Ihr Ordensleben angenehm ist, vielfältige Verdienste erwerben kannst und daß die genannten Brüder durch Deine Mitarbeit und der der anderen Gläubigen gestärkt, den Lauf ihres übernommenen Dienstes glücklich vollenden, die erwünschte Frucht ihrer Mühen einbringen und ihr Ziel erreichen, nämlich das Heil der Seelen. So werden auch Wir dem Herrn mit Recht Deine Gottergebenheit empfehlen können.

Gegeben zu Viterbo, am 6. Mai (1220), im vierten Jahr Unseres Pontifikates" (Urkundenbuch, 122).

8

Im folgenden Schreiben werden sechs Ordensleute verschiedener Klöster Italiens aufgefordert, unter der Führung des Dominikus zur Predigt und zur Bekämpfung der Häretiker aufzubrechen. Wahrscheinlich handelte es sich hierbei um eine Idee des Kardinals Hugolino:

„Bischof Honorius, Diener der Diener Gottes, an die geliebten Söhne, an die Mönche Magister Robert von St. Viktor, Vinzenz von Sillia, Castorgio von Mansu, Joseph von Flore, Jakobus von Vallombrosa und Doningo von Aquilari: Heil und apostolischen Segen.

Weil diejenigen, die an Wasserläufen säen (Jes 32,20) selig sind, doch die, die ihr Getreide verstecken unter den Völkern verflucht werden (Spr 11,26), so handelt Ihr recht, wenn Ihr das Euch von Gott anvertraute Talent nicht in ein Schweißtuch einbindet (Lk 19,20). Man zündet auch nicht ein Licht an und stülpt ein Gefäß darüber, sondern man stellt es auf einen Leuchter, damit es allen im Haus leuchte (Mt 5,15).

Darum erwartet sich Unser geliebter Sohn, Bruder Dominikus, der Prior des Predigerordens, einen großen Fortschritt für die Seelen, wenn Ihr die Predigtgnade, die Ihr vom Herrn empfangen habt, unter seiner Anleitung zum Nutzen der Nächsten einsetzt. Daher befehlen Wir durch dieses apostolische Schreiben Eurem Unterscheidungsvermögen: brecht aus Liebe zu dem, der aufgrund der übergroßen Liebe, mit der er uns geliebt hat (Eph 2,4), aus dem verborgenen Schoß des Vaters (Joh 1,18) herausgetreten ist, in die menschliche Sterblichkeit zusammen mit dem Bruder Dominikus auf, um denen das Wort Gottes vorzulegen, denen dies nützlich zu sein scheint. So mögen die Irrenden durch das aufgezeigte Licht der Wahrheit auf den Weg der Gerechtigkeit zurückkehren. Ihr sollt auch wissen, daß Wir dem genannten Bruder zugestanden haben, daß Ihr mit ihm im Dienst am Wort Gottes zusammenarbeiten müßt, dabei aber weiter Euer eigenes Ordensgewand tragen sollt.

Gegeben zu Viterbo, am 12. Mai (1220), im vierten Jahr Unseres Pontifikates" (Urkundenbuch, 123).

9

Zwischen den Mitgliedern des Pariser Domkapitels und den Predigerbrüdern hat es Spannungen gegeben. Nach Intervention des Papstes konnten diese gelöst werden. Honorius bedankt sich nun beim Domkapitel dafür und schärft ihm zugleich ein, weiterhin mit den Predigerbrüdern zusammenzuarbeiten:

„Bischof Honorius, Diener der Diener Gottes, an die geliebten Söhne, an das Domkapitel von Paris: Heil und apostolischen Segen.

Wir freuen Uns im Herrn und rühmen Uns Eurer Verdienste, weil Wir Euch als ergebene Söhne zum Gut des Gehorsams geneigt und zum Eifer der Pflichterfüllung bereit gefunden haben, wie es sich gehört. Dadurch macht Ihr Euch Gott wohlgefällig, Uns und den Menschen angenehm und zu Recht empfehlenswert.

Denn da Wir neulich Bitten und Anordnungen an Euch gerichtet haben und auch einige von Euch, die zu Uns gekommen sind, nachdrücklich aufgefordert haben, daß Ihr die geliebten Söhne, die Brüder des Predigerordens in Eure Herzen aufnehmen und ihnen gestatten sollt, in der Kapelle St. Jakob, die sie ihn Paris besitzen, die göttliche Liturgie zu feiern und eine Grabstätte zu haben – da habt Ihr, wie Wir ihrem freudigen Bericht entnommen haben, Unsere Anordnung und ihren Wunsch großzügig und gerne erfüllt. Gemäß dem Uns Berichteten scheint Ihr nicht nur Eure Gunst erwiesen zu haben, sondern auch viel Zuneigung hinzugefügt zu haben.

Nachdem Wir angesichts Eurer Ergebenheit würdigen Lobpreis im Herrn dargebracht haben, so bitten Wir Euch nun alle, Wir ermahnen und fordern Euch inständig dazu auf und weisen Euch durch dieses Apostolische Schreiben an: schenkt ihnen weiterhin Eure Gunst und fördert sie in besonderer Weise, damit Ihr dereinst den Lohn der Vergeltung vom dem empfangt, der diese zum allgemeinen Fortschritt der Kirche für den Dienst am Evangelium auserkoren hat und der das, was man einem von ihnen tut, so anrechnet, als sei es ihm selbst getan (Mt 25,40). Dann werden auch Wir, die Wir diese mit echter Liebe im Herrn umarmen, Euch mehr und mehr gewogen und wohlgesonnen sein.

Gegeben zu Orvieto, am 29. Juli (1220), im fünften Jahr Unseres Pontifikates" (Urkundenbuch, 128).

10

Mit der Bulle *Cum qui recipit prophetam* vom 4. Februar 1221 empfiehlt Honorius III. die Predigerbrüder nochmals allen Bischöfen und
kirchlichen Oberen auf dem ganzen Erdkreis. Dominikus ließ sich von
dieser Bulle am 29. März sowie am 28. Mai 1221 auch zwei Exemplare
(Urkundenbuch, 148 und 171) auf seinen eigenen Namen ausfertigen
(möglicherweise in einem Fall für seinen Namensvetter im Orden?).
Man beachte die scharfen Worte am Ende der Bulle, mit denen die Armut
eingeschärft wird:

„Bischof Honorius, Diener der Diener Gottes, an seine hochverehrten
Brüder, die Erzbischöfe und Bischöfe und an die geliebten Söhne, an
alle Vorsteher von Kirchen, zu denen dieser Brief gelangt: Heil und apostolischen Segen.

Da derjenige, der einen Propheten aufnimmt, weil es ein Prophet ist,
den Lohn eines Propheten empfängt (Mt 10,41), so empfehlen Wir Euch
Männer, die die Kirche dringend benötigt, um die Nahrung des Wortes
Gottes auszuteilen, damit Ihr Euch so einen unvergleichlichen Lohn
erwerben könnt.

Aus diesem Grund haben Wir es für gut befunden, Euch die geliebten
Söhne besonders zu empfehlen, die Brüder des Predigerordens, die sich
durch Gelübde zur Armut und zum Ordensleben verpflichtet haben und
ganz und gar für die Verkündigung des Wortes Gottes bestimmt sind.
So bitten Wir Euch alle, ermahnen Euch inständig und weisen Euch
durch dieses apostolische Schreiben an: Nehmt sie liebevoll auf, wenn sie
zum Predigtdienst, für den sie bestimmt sind, in Euer Gebiet kommen.
Auch sollt Ihr die Euch anvertrauten Völker eifrig ermahnen, daß sie
aus ihrem Mund den Samen des göttlichen Wortes demütig aufnehmen.
Aus Ehrfurcht vor Gott und vor Uns sollt Ihr ihnen in allem, was sie
brauchen, großzügig beistehen. Wenn es förderlich ist, dann laßt ihre
Priester voll Wohlwollen zum Beichthören und heilsamen Ratgeben zu.
Denn diese Brüder, die auf den Fortschritt der Seelen aus sind, senden
umsichtige und mit der Gabe der Unterscheidung ausgestattete Priester
aus, die heilsamen Rat geben und (geistliche) Arznei verabreichen kön-

nen. Bisweilen ist es ja aufgrund verschiedener Umstände förderlich, die Hirtensorge mit anderen zu teilen und denen diese Gunst zu erweisen, die sich darum bemühen. So können sie mit Eurer Unterstützung den Lauf ihres übernommenen Dienstes vollenden, die erwünschte Frucht ihrer Mühen einbringen und ihr Ziel erreichen, nämlich das Heil der Seelen. Weil sich aber oft Laster unter dem Anschein der Tugend einschleichen und sich der Engel des Satans häufig als Engel des Lichtes tarnt (2 Kor 11,14), so weisen Wir Euch kraft Unserer Autorität an: Wenn Leute, die behaupten, sie seien aus dem Orden der Predigerbrüder, in Eurem Gebiet predigen und sich dabei dem Erwerb von Geldern widmen und sie dadurch das Ordensleben derer, die die Armut gelobt haben, in Verruf bringen, dann sollt Ihr sie wie Fälscher ergreifen und verurteilen.

Gegeben im Lateran, am 4. Februar (1221), im fünften Jahr Unseres Pontifikates" (Urkundenbuch, 143).

LESETIPS UND KURZTITEL

Abkürzungen zweier wichtiger Reihen:

MOPH = *Monumenta Ordinis Fratrum Praedicatorum Historica*, (Löwen) Rom 1896 ff.

AFP = *Archivum Fratrum Praedicatorum*, Rom 1931 ff.

Quellen:

Akten zur Heiligsprechung: *Acta Canonizationis S. Dominici*, in: MOPH XVI, Rom 1935, S. 123–187 (Kurztitel = **Akten Bologna** und **Akten Toulouse**).

Älteste Konstitutionen: *De oudste Constituties van de Dominicanen*, hrsg. von Antonius Hendrik Thomas, Löwen 1965, S. 309–369 (Kurztitel = **Älteste Konstituitionen**).

Cäcilias Wundergeschichten: *Miracula beati Dominici quae narravit* CECILIA ROMANA, in: AFP 37 (1967) S. 21–44 (Kurztitel = **Cäcilia**).

Chronik von St. Agnes: *Cronaca del Monastero di S. Agnese in Bologna*, in: *Il Monastero domenicano di S. Agnese in Bologna*, hrsg. von M. Giovanna Cambria, Bologna 1973 (Kurztitel = **Chronik von St. Agnes**).

Chronik des Ordens: *Chronica ordinis*, in: MOPH I, Löwen 1896, S. 321–338 (Kurztitel = **Chronica**).

Pierre de Vaux-de Cernai: PETRI VALLIUM SARNAII MONACHI *Hystoria Albigensis*, Paris 1926 (Kurztitel = **Cernai**).

Gebetsweisen: *Modi orandi Sancti Dominici, Die Gebets- und Andachtsgesten des Heiligen Dominikus*, dt.-lat., mit Originalbildern und Kommentar, 2 Bde, 1995.

Jordan, Büchlein von den Anfängen des Predigerordens: JORDANI DE SAXONIA *Libellus de principiis ordinis praedicatorum*, in: MOPH XVI, Rom 1935, S. 25–88 (Kurztitel = **Libellus**). Neuere dt. Übersetzung in: *Jordan von Sachsen*, hrsg. von Wolfram Hoyer, 2002, S. 17–95 (Kurztitel = **Hoyer**). Gute ältere dt. Übersetzung von Mechthild Dominika Kunst: MEISTER JORDAN, *Das Buch von den Anfängen des Predigerordens*, 1949.

Jordan, Enzyklika: B. JORDANI *litterae encyclicae*, in: AFP 22 (1952) S. 182–185.

Leben der Brüder: FRATRIS GERARDI DA FRACHETO O. P. *Vitae Fratrum Ordinis Praedicatorum*, in: MOPH I, Löwen 1896, S. 1–320 (Kurztitel = **Leben der Brüder**).

Legendae:

Ferrandus: *Legenda S. Dominici* PETRI FERRANDI, in: MOPH XVI, Rom 1935, S. 209–260 (Kurztitel = **Ferrandus**).

Konstantin von Orvieto: *Legenda S. Dominici* CONSTANTINI URBIVETANI, in: MOPH XVI, Rom 1935, S. 286–352 (Kurztitel = **Konstantin**).

Humbert von Romans: *Legenda S. Dominici* HUMBERTI DE ROMANIS, in: MOPH XVI, Rom 1935, S. 369–423.

Bartholomäus von Trient: *Legenda S. Dominici* Bartolomaei Tridentini, in: Berthold Altaner, *Der hl. Dominikus, Untersuchungen und Texte,* Breslau 1922, S. 230–239.

Cerrato: Rodrigo de Cerrato, *Vita S. Dominici,* in: *Annalium Ordinis Praedicatorum,* hrsg. von Tommaso Maria Mamachi u. a., Bd. 1, Rom 1756, (Appendix) S. 312–334 (Kurztitel = **Cerrato**).

Dietrich von Apolda: *Legenda S. Dominici,* in: *Acta Sanctorum (Mensis Augustus),* Antwerpen 1733, S. 558–628.

Lied vom Albigenserkreuzzug: *La Chanson de la croisade contre les Albigeois,* hrsg. von Paul Meyer, 2 Bde, Paris 1879.

Puylaurens: Guillaume de Puylaurens, *Historia Albigensium,* in: *Mélanges d'histoire du Moyen-Age, Troisièmes* (Bibliothèque de la Faculté des Lettres, Université de Paris, 18) Paris 1904.

Salagnac-Guy: Die vier Merkmale: Stephanus de Salaniaco *et* Bernardus Guidonis *De quatuor in quibus Deus Praedicatorum Ordinem insignivit* (MOPH XXII), Rom 1949 (Kurztitel = **Salagnac-Guy**).

Urkundenbuch: *Monumenta Diplomatica S. Dominici,* hrsg. von Vladimir J. Koudelka (MOPH XXV), Rom 1966 (Kurztitel = **Urkundenbuch**).

Ältere Literatur:

Berthold Altaner, *Der heilige Dominikus. Untersuchungen und Texte,* Breslau 1922.

Heribert Christian Scheeben, *Der heilige Dominikus,* 1927 (Kurztitel = **Scheeben**). – *Der heilige Dominikus. Gründer des Predigerordens – Erneuerer der Seelsorge,* 1961.

Marie-Humbert Vicaire, *Geschichte des Heiligen Dominikus,* 2 Bde, 1962 (Kurztitel = **Vicaire I** und **II**). Verbesserte Neuauflage desselben Werks (nur frz.): *Histoire de saint Dominique,* 2 Bde, Paris 1982.

Weiterführende Literatur:

Guy Bedouelle, *Dominikus – Von der Kraft des Wortes,* Aus dem Französischen übersetzt und bearbeitet von Hilarius M. Barth, 1984 (Kurztitel = **Bedouelle**).

Isnard W. Frank, *Die Dominikanerinnen als Zweiter Orden der Dominikaner,* in: *Fromme Frauen – unbequeme Frauen? Weibliches Religiosentum im Mittelalter,* hrsg. von Edeltraud Klueting, 2006, S. 105–125 (Kurztitel = **Frank**).

Jordan von Sachsen, hrsg. von Wolfram Hoyer, 2002 (Kurztitel = **Hoyer**).

Anthony Lappin, *On the family and early years of St Dominic of Caleruega,* in: AFP 67 (1997) S. 5–26.

Vladimir J. Koudelka, *Dominikus, Die Verkündigung des Wortes Gottes,* 2. Auflage 1992 (Kurztitel = **Koudelka**).

Meinolf Lohrum OP, *Dominikus,* Leipzig 1989.

Simon Tugwell, *Notes on the life of St Dominic,* in: AFP 65 (1995) S. 5–169 (Kurztitel = **Tugwell, 1995**).

– *Notes on the life of St Dominic,* in: AFP 66 (1996) S. 5–154 (Kurztitel = **Tugwell, 1996**).

– *Der Heilige Dominikus,* Straßburg 1997 (Kurztitel = **Tugwell, Dominikus**).

– *Notes on the life of St Dominic,* in: AFP 67 (1997) S. 27–59 (Kurztitel = **Tugwell, 1997**).

– *Notes on the life of St Dominic,* 1998, in: AFP 68 (1998) S. 5–85 (Kurztitel = **Tugwell, 1998**).

– *The evolution of dominican structures of government,* in: AFP 69 (1999) S. 5–60 (Kurztitel = **Tugwell, 1999**).

– *The evolution of dominican structures of government,* in: AFP 70 (2000) S. 5–109.

– *The evolution of dominican government,* in: AFP 71 (2001) S. 5–182 (Kurztitel = **Tugwell, 2001**).

– *Notes on the life of St Dominic,* in: AFP 73 (2003) S. 6–109 (Kurztitel = **Tugwell, 2003**).

– *For whom was Prouille founded?,* in: AFP 74 (2004) S. 5–66 (Kurztitel = **Tugwell, 2004**).

Marie-Humbert Vicaire, *L'ordre de Saint Dominique en 1215,* in: AFP 54 (1984) S. 5–38 (Kurztitel = **Vicaire, 1984**).

Sonstige zitierte oder angeführte Literatur:

Jean Becquet, *Scriptores Ordinis Grandimontensis* (Corpus Christianorum. Continuatio Mediaevalis VIII), Turnhout 1968.

Arno Borst, *Die Katharer,* 3. Aufl. 1995 (Kurztitel = **Borst**).

Jean-René Bouchet, *Dominikus – Gefährte der Verirrten,* 1989.

Thomas de Celano, *Legenda secunda S. Francisci,* in: *Legendae S. Francisci Assissiensis saeculis XII et XIV conscriptae* (Analecta Franciscana, 10), Florenz-Quaracchi 1926.

Isnard W. Frank, *Lexikon des Mönchtums und der Orden,* 2005.

Karl Suso Frank, *Geschichte des christlichen Mönchtums,* 1988.